电商资深操盘手，手把手教你决胜O2O

U0964887

牛蛙网络商学院经典教材

TRADER HAND

O2O操盘手

——传统企业落地O2O实战手册

韦智勇 著

编委会：韦智勇　苏　静　张　英
　　　　李　鉴　丁稳定　胡　珀

廣東旅游出版社
GUANGDONG TRAVEL & TOURISM PRESS
悦读书·悦旅行·悦享人生
中国·广州

图书在版编目（CIP）数据

O2O 操盘手：传统企业落地 O2O 实战手册 / 韦智勇著.
—广州：广东旅游出版社，2015.5
ISBN 978-7-5570-0005-9

Ⅰ.①O… Ⅱ.①韦… Ⅲ. ①网络营销 Ⅳ.①F713.36

中国版本图书馆 CIP 数据核字（2015）第 019865 号

出 版 人：刘志松
策划编辑：官 顺
责任编辑：官 顺
责任技编：刘振华
责任校对：李瑞苑

O2O 操盘手：传统企业落地 O2O 实战手册
O2O CaoPanShou:Chuangtong Qiye Luodi O2O Shizhan Shouce

广东旅游出版社出版发行
地址：广州市天河区五山路 483 号华南农业大学（公共管理学院）14 号楼三楼
邮编：510640
邮购电话：020-87348243
广东旅游出版社图书网
www.tourpress.cn
深圳市希望印务有限公司印刷
（深圳市坂田吉华路 505 号大丹工业园 2 楼）
开本：787毫米×1092毫米 16 开
印张：10.125 印张
字数：100 千字
版次：2015 年 5 月第 1 版
印次：2015 年 5 月第 1 次印刷
印数：1~5000 册
定价：38.00 元

【版权所有 侵权必究】

本书如有错页倒装等质量问题，请直接与印刷厂联系换书。

移动 O2O 营销来了

移动 O2O 营销是随着互联网营销、移动互联网营销的发展，结合传统营销的沉淀进行整合的一个产物，解决了很多之前纯电子商务解决不了的问题，也解决了很多传统行业进入电子商务领域的一些困惑。

O2O 营销带来了人们生活的一些全新的变化。过去在传统互联网营销里面的一些现象，随着移动网络营销的崛起，很多购物习惯发生了变化。如果说网络营销让人们从传统购物的习惯变成了网络的购物习惯，而移动互联网营销则让人们从网络营销的购物习惯变成了一个全新的、互动式的移动互联网的购物习惯。更好的是这样的一个新的商业渠道的出现，能够跟地面营销更接地气，移动 O2O 营销这个概念在 2013 年到 2014 年是一个热门的话题，有很多培训机构也在宣导这个话题。很多的企业家朋友也非常关心这个话题，也有很多的企业开始着手做这个内容。但是事实上我们会发现，能够真真正正把 O2O 落实落地做出效果的企业并不多。近一段时间，我们看到移动 O2O 营销几乎是全中国在开发，很多企业开始做微信，做微营销，做了很多很多的工作，但是效果不是很明显。根本的原因是什么？

我认为最大的问题就是不系统，没有一个全局的规划，是割裂的、片面的，把移动 O2O 营销理解为某一种推广战术的实施，认为我们做了一个微信，做了一个公共账号，那么我们就已经 O2O 了。其实根本就不是这样的，“O2O”翻译过来是什么意思？online to offline，就是线上到线下。online，线上有哪些营销渠道可以做宣传、做推广、做品牌传播？我们所熟知的传统互联网一切的营销手段，搜索营销、论坛营销、团购网，还有京东商城这类商城的营销，后边我们出现了移动互联网的微信和微博营销、微搜索等等，这些都是属于线上的部分，所以 online 不仅仅包含的是人们所看到的微营销这个板块，还有很多的渠道、很多的资源是可以去应用的。不要狭隘地理解 O2O 这个概念只局限于移动互联网这个领域，事实上宽带互联网、传统互联网所拥有的流量入口与宣传渠道更为成熟，所以讲到 O2O 的时候，千万不能忽视我们原有的基础而去孤立地考虑一个新媒体的应用，我们应该把新媒体跟老媒体进行有机的结合和融合，然后去推进，才能够取得很好的效果。“offline”是指的什么呢？线下。线下营销的渠道包含哪些方面？传统的，包含店面的直销，也包括会议营销系统，包括业务员个人的销售，线下营销渠道也是多维的，它不是单点的，绝对不完全是个人销售的行为。因此在过去一年以来 O2O 的商业模式成熟的过程之中，人们抓的点太过于单一，线上单一，线下也单一。线上往往就只盯住了一个微信或者微博，线下只盯住了个人的推广，这是属于不全面、不系统的，所以能够产生的效果肯定是有限的。

对一个传统企业来讲，移动 O2O 营销是一个巨大的挑战。所以在植入这个系统的过程中一定要讲究方法，要循序渐进，不能一蹴而就，不能用快速大而全的方式，而是要逐渐深入。其中最重要的一个部分，就是企业思想观念的转变。我们说因人成事，如果整个系统架构的人员还没有准备好，思想还没有统一，企业就采取行动，往往会碰到障碍，所以我们要考虑在实施的过程中如何处理，怎样植入。只有我们拥有了这样的全局观，我们才能够把移动 O2O 营销做好。

本书重点讲的内容是关于移动 O2O 营销的系统架构、运作方式，以及微信营销和二维码营销等营销攻略，又结合企业家实际着重讲移动 O2O 营销模式、讲实施步骤、讲植入的这些关键点，告诉企业家朋友具体的微信应该如何去做，论坛营销和团购应该怎么做，地面怎么去配合，如何实现客户转换。移动 O2O 营销是一个复杂系统的工程，同时也是一个按部就班的工程。希望通过这本书，能够得到一个结果，就是我们不仅了解到、学习到其中的一些技术应用方法，更重要的是我们要掌握如何去组建团队，逐步地实施移动 O2O 营销。

目录
Contents

chapter one

1 第一章 chapter one 移动 O2O 营销模式

1. 移动 O2O 营销模式九大变化 / 7
2. 移动 O2O 营销模式的四大特性 / 12
3. 移动 O2O 营销模式的三大突破 / 17

chapter two

移动 O2O 营销模式三大步骤 第二章 chapter teo 25

1. 建系统 / 26
2. 培训人 / 30
3. 分步启动 O2O 系统执行路线图 / 33

chapter three

37 第三章 chapter three 移动 O2O 营销攻略及案例

1. 微搜索营销攻略 / 39
2. 微信营销攻略 / 42

目录
Contents

(1) 如何运营销售/客服个人微信号 / 44

(2) 如何运营微信公众账号 / 51

(3) 如何将微信公众号粉丝转化为客户 / 76

(4) 微信公众账号营销综合应用案例 / 82

3. 二维码营销攻略 / 91

(1) 二维码营销五步骤 / 91

(2) 二维码营销五大应用 / 94

(3) 地面二维码抓潜四大原则及案例 / 101

4. 社区平台营销攻略 / 108

(1) 六步做论坛营销 / 109

(2) 论坛营销的两种形式 / 111

(3) 团购、打折网营销 / 121

5. 微博营销攻略 / 125

(1) 企业微博的基本设置 / 126

(2) 新浪微博排名技巧 / 131

(3) 微博发布技巧 / 134

Appendix

145 附 录 Appendix 学员案例

第一章 移动O2O营销模式

中国整个营销的体系由原来的传统地面营销向网络营销转变，现在又向移动终端进行扩展，带来的是一种全新的天罗地网的新的营销格局。

移动互联网从2012年开始发展，2013年爆发，发展速度相当的快。在2013年“双十一光棍节”，手机淘宝的销售额突破了53亿元，移动互联网销售的价值得到了一个凸显。同时移动终端的市场占有率正以迅雷不及掩耳之势开始覆盖整个网民的使用终端，包括最有代表性的微信，微信的用户已经突破了5亿，微博的用户有6亿，30%的搜索已经转为移动终端的搜索，天猫购物订单的20%转入了手机下单的情况。这些数据都预示着中国整个营销的体系由原来的传统地面营销向网络营销的转变，现在又向移动终端进行扩展。这个扩展带来的是什么呢？带来的是一种全新的天罗地网的新的营销格局。

阿里巴巴董事局主席马云和万达集团董事局主席王健林前段时间进行打赌，王健林说地面营销永远不会倒下。而马云说我们会吃掉你们。但事实上这只是一个赌局，没有意义的赌局。因为随着移动互联网的发展，将会实现三种营销渠道的整合。为什么会整合？是因为这三种营销渠道各自具有对方不可比拟的优势，也具有与对方对擂的短板。其中，地面营销的渠道，地面店也好，我们一对一的体验营销也好，都有非常直接的客户影响力。在网上怎么销售，也比不上看到实物并能够体验的好，看得见、摸得着、穿得上和吃得出，这是地面店的特点，网络营销覆盖面广，没有时间和空间的限制，能够覆盖更宽的销售区域。但短板是有一定的技术门槛，不是所有人都能很熟练地使用电脑网络购物，而移动互联网的出现弥补了这一短板，移动互联网在任何、任何地点、任何人都能够成交，老人、小孩都可能会使用手机，手机的使用方便性、简单性远远高于电脑终端。所以地面销售终端、PC 销售终端及移动销售终端之间要进行互补，完成最完整的对客户的服务和营销。这三个网络连结在一起，就形成了现在的 O2O 营销三维渠道。

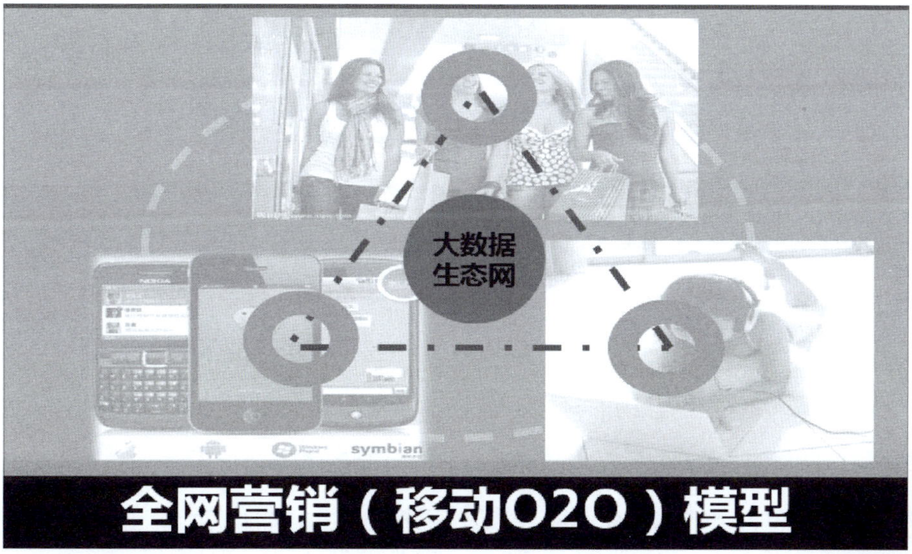

这三维渠道联合在一起的价值是什么呢？我在网上卖，你在线下卖，他在手机上卖，不联合行不行啊？不联合是可以，但是不能发挥最大的效益。为什么呢？当这三维渠道没有串联在一起，就代表了对用户资源的使用效率不是最高的。举例来说，客户在地面店买了一双袜子走了以后，随着他离开这个店，地面店对于这个客户未来销售的影响力就消失了，商家没有办法再去影响他了，也没有办法再去给他进一步的推销。而网络渠道不一样，网络买东西，哪怕客户只买一支铅笔，商家也能知道客户的住处、姓名和联系方式，都是有数据的。有数据就代表了商家能够了解客户，更能够分析客户未来的需求，所以我们需要把地面营销和网络营销通过一个数据进行关联，并且通过一个数据进行放大。其本质来讲，三网合一，中间的环节构成了一个大数据网，就是大数据营销。三网合一是由于客户的消费数据，客户的个人数据以及喜好数据被整合了，整合以后就能通过这三个渠道再次地发挥作用。比如当客户在地面店买了一双鞋，商家可以通过网络继续跟客户宣传他们的裤子，同时，商家也可以通过一个卖鞋的店把一个人拉到卖裤子的店再去购买裤子。因此数据可以使得这些地面店形成一种联盟，让客户可以在线上买，也可以在线下买；可以在手机上买，也可以在电脑上买；还可以在线上看了以后觉得不错，到地面店体验一下再购买！

全网营销就是三个销售渠道的联合，其本质是对于客户的挖掘深度加大了，加快了客户的购买品质和客户的终身价值，在商家一次性广告投入的情况之下，能对客户进行多次的开发。如地面店的客户来了 100 个，假设现场成交了 30 个，剩下的客户你没有办法再去成交，因为他已经离店了。但是通过数据化的处理，可以让这些客户在网上再继续成交。这就是 O2O 营销，也可以说是大数据生态网络的营销。所以在做 O2O 全网营销的时候，有一个非常非常关键的点，就是要获得客户的数据，客户数据包括联系方式和个人喜好，就是商家给客户做服务和做营销相关的数据，当把这些客户数据收集在一起时，就是一笔巨大的财富。

曾经我跟一位做书籍的客户进行交流。他做了很多年的书籍，在全国的新华书店拥有很好的渠道。一年的时间要卖1000万册书出去，客户问我接下来做这个互联网营销他需要做什么。我说你几乎什么事情都可以做，只要你愿意做。他问为什么。我说因为手上掌握了一个非常重要的资源，就是用户数据。想象一下，1000万册图书发行出去，那是一个非常庞大的数据终端，而且这1000万册书对于人的影响，只要这本书没有扔掉，你就可以向他持续地产生影响，更重要的是你会发现书籍本身是有不同的内容的，如果一些读者经常在看怎么做菜的书，那么我们可以把这群人整理在一起，向他们推荐什么东西？向他们推荐网上的这个“生鲜网”，可不可以？可以！向他们推荐“储物具”可不可以？可以。而另一些人群是比较喜欢国学的，经常看《道德经》、《孙子兵法》、《论语》，这种客户我们可以向他们推荐国学的培训课程，可不可以？因此我们现在思考一个问题，在企业的资源库里边能够获得什么样的价值？数据。这就是企业在做O2O营销首先要考虑的一个资源问题，对资源进行整理，对于O2O营销定位有非常大的帮助。

总之来讲，O2O营销的这个模型看似是三个网络，但其实是一个网络，就是大数据网络，这个网络就是企业O2O微营销里面的一个核心的关键点。企业每时每刻都要去考虑如何采集有效的客户数据，如何进行数据的分类和再次开发。这就是三网合一，最后归为大数据时代网。

移动O2O营销的基本模型，就是把宽带网络、移动网络和地面渠道进行互联互通，实现客户的多层级挖掘，既可以在线上推广接触品牌，在线下成交，也可以在手机上接触品牌，可以在宽带互联网上成交，可以在地面成交。三个网络通过客户数据关联在一起，通过推广渠道去影响客户，三个环节来做成交。移动O2O时代的来临，解决了很多传统营销进入互联网的难题，尤其解决了线上线下营销冲突的矛盾。我们要把线上和线下的营销平台和体系结合在一起，就要统一管理和规划。

“小小的煎饼果子”如何让餐饮行业革了命?

10多平方米的煎饼店，16个餐位，三种煎饼果子能从早卖到晚，猪蹄需提前预约限量发售，生意空前火爆，据说经纬投资和创业投资等纷纷上门，已经把估值给到了4000万。

一个小小的店面，稀少的品种，能在这么短的时间内做出如此高的成绩，确实会让我们深思和反省，为什么我们没有抓住这么好的机遇，为什么成功的不是我们，我们是不是忽视了什么重要的问题，我们缺少的是什么?

营销工具强——移动O2O营销

煎饼果子铺对微博、微信、大众点评LBS都大量运用，注重话题性，例如煎饼店开进CBD、老板开奔驰送煎饼、美女老板娘送餐、煎饼相对论公开课等，并且在上面与客户进行频繁互动，而且还注重微博、微信营销的效果。

抓住机遇，创造极致用户体验

煎饼果子铺已经抓住了机遇，抓住了餐饮行业必须创造极致的用户体验的新趋势。它是这么做的：只提供三种煎饼果子，9至15元，减少了采购、存储、处理等环节上的问题，以保证原材料的优质、新鲜、卫生，将工作重心集中，只做极致的煎饼果子。追求极致的用户体验，不仅让客户吃得饱、吃得好，还要满足无形体验，吃得爽，能分享。

1. 移动 O2O 营销模式九大变化

移动 O2O 营销三网合一的模式出现是由于营销的变化而产生的，营销的变化要求企业在做全网营销时要有全新的思考。如现在消费者的行为习惯是怎么样的、发生了哪一些调整，都有助于我们去理解移动 O2O 营销模式，有助于我们开展移动 O2O 营销。

目前消费者的消费行为已经发生了九大变化，这九大变化特别值得我们关注。

第一，消费耐心脆弱化。现在客户的消费耐心大幅度地降低，决策会变得很碎片化，很短促，很多感性的非理性成交在产生，主要表现为两个点，一是决策很快，二是决策又很犹豫。为什么会这样？因为信息太多了，可能选项就多，所以消费者拿不定主意，这种情况很多。但有时候消费者决策又很草率，有这么一种网络人群，买的时候很快，退的时候同样很快，往往是买一堆回来，退掉一半，很容易被拉入黑名单。但是这代表了一种购买人群的心理，所以面对客户消费耐心的脆弱化，在企业做营销的时候需要作哪些调整呢？就需要对客户的痛点有更深入的了解，要有更强有力的表达去影响客户。因为客户没有太多时间跟企业慢慢地去沟通，所以企业与客户的沟通一定是要短促而有力量的，才能够发挥作用。

第二，营销时间碎片化。什么叫碎片化？我们平时用电脑上网还是一个比较完整的时间段。而现在上网是什么情况？手机拿出来看两条新闻立刻就关掉，聊两条微信，吃两口饭，又搞点别的。所有这些都代表了现在人们上网时间的碎片化，既然客户接触信息已经是碎片化，我们做营销就应该与客户的习惯相适应，不要寄希望于写一大段很长的信息能把客户搞定。企业应该把一整套系统的营销信息分解为很多小片断，以短平快的模式来做营销。信息一定是很短的，不可能希望 20 个卖点客户一次性看完，客户根本就没有时间看完你那个东西。所以在移动 O2O 营销时应该是一个卖点一个卖点的推。如果我们通过微信公共账号卖一个产品，这个产品有 5 个卖点，企业是应该一天内把 5 个卖点传播完呢还是分成 5 天每天传一条呢？答案是应该分成 5 天，一天传一条才有影响力。但是频率要怎么样？要足够的高！因此，微信公共账号传播频率要高，阅读的速度要快，内容要短。综艺节目为什么特别受欢迎？综艺节目的特点就是一小段一小段的，像《快乐大本营》你看一小节也没问题，而不是非要看完全部。这代表现在人们对于这种事物接触的习惯已经碎片化了。碎片化的信息需要我们做碎片化的营销处理。

第三，销售广告个性化。电视营销讲究的是什么呢？覆盖面大，哪怕是“恒源祥，羊羊羊”，就那样也行。“送礼要送脑白金”，如果去网络天天啰嗦送脑白金，死的很惨，它不是一个覆盖了，网络信息很多，客户才懒得去看同质化的东西。所以，我们宁可有一个创意把它做透了，也不要去追求这个覆盖面的问题，应该是创意大于覆盖，就是说企业如果一个星期发 10 条信息，是完全网络同质化，还不如发 3 条能够引起大量转载的原创的有价值的资讯。转载率特别重要，在微营销中，不管用微信或其他手段，转载率才是最重要的，这不是企业能够强制性让别人看的，因为移动互联网和互联网是一种互动性媒体，互动性媒体的阅读者完全有权利关闭页面或者继续浏览。所以当企业做微信公共账号时，大量地转载别人的信息是没有前途的，宁可想办法去挖掘一些少量的原创信息，也要保持企业的价值，才能够影响客户。

第四，客户积累口碑化。客户积累口碑化是什么意思呢？我们会发现微营销接受信息的主要渠道不是广播式的，尤其是微信营销。微博还有一定的媒体发布的性质，而微信更多是来源于朋友圈的传播，一对一地沟通，所以企业的信息具不具备这种口碑传播的能力，很大程度会影响到企业信息对客户影响的力度，这个是非常重要的。客户的累积往往来源于口碑的累积，企业不仅要让你的受众变成信息的接受者，还要变成信息的传播者，所以我们在做信息设计的时候要思考有什么东西能够引爆客户的传播。

第五，客户注意屏幕化。客户注意力发生了变化，屏幕化了，这代表了传统广告的没落。以前我们在户外打大型的户外广告，在楼宇打视频，那个影响力大不大？很大，人们都可以看得到。但是今天人们看不到了，他们只会看到一个小方块的内容，甚至过马路红灯都看不到了，红绿灯以后可能得用在手机终端，遇到红绿灯的时候这里提示一下到红灯了。我经常讲这个笑话，现在人连抢劫都看不到了。韩国有一个强盗，在地铁上抢劫，抢到一个年轻人，那年轻人才反应过来，恼羞成怒地说道："一个车厢的人，打劫！打什么劫，我这都通关（注：游戏术语）了你还打劫。"正因为如此，企业应该把更多的广告转移到哪里去？要转移到那个小屏幕上去，乔布斯是一位伟大的人，但是有很多人骂他，说他把人搞得不像人，让人完全被那个屏幕所奴役了。但这的确是事实。因此企业在做营销推广的时候，一定要更加注意那个小屏幕的内容。

第六，信息入口多元化。互联网的信息入口是多元化的，而移动互联网上也是有多元化的入口。移动互联网多元化入口我们大概分为三大块：第一个是搜索，手机搜索很频繁；第二个就是 APP，APP 的搜索和 APP 的应用就是一个大的入口；第三个就是微信。所以我们要在做新的媒体营销的时候抓住这三个点，抓住手机搜索、抓住 APP、抓住微信，企业就抓住了移动互联网。

第七，营销手段科技化。可能我们在用微信的时候实际上只用了微信功能的 1/3，微信里面有很多功能值得我们去研究。当微信公共账号和微商城进行关联后，你会发现和我们原来在使用电脑的时候有所不同。我们用电脑去买东西，我们需要有一个注册用户名登录，才能识别我的身份，才能够给我做积分。但是移动互联网便捷很多。我们可以在微信上进入微商城，微商城会自动地获取到我的微信号码，识别我的身份，甚至获取到我的手机号码，然后会根据我的身份自动地应答。我点开这个商城，它告诉我："先生，欢迎您来到我们商城，您上次下的那个订单还没有支付，你看要不要支付一下？您买的这个产品还差 20 积分就可以换我们一个微波炉了，你要不要换一下？"是不是相当的个性化，相当的有针对性？非常的简便，连登录都不用了，它就可以识别。但因为移动终端往往跟身份挂钩的，所以一些新的骗局产生了，很多人盗用别人的微信号码去骗钱，因此我们在这个新的媒体终端里要注意我们的信息安全，通过这种新的媒介我们可以实现更加个性化的销售引导，自动化的销售变得更加强悍有力。在互联网上还需要有比较多的客服人员去对接个性化的需求，而今天我们可以研发出各种各样的智能化的销售体系来帮企业达成个性化交易。

第八，营销行为主动化。不管是传统地面营销，还是网络营销，都需要客户主动访问，我们才能够进行个性销售，而今天客户不来访问，只要你经过了我这个路段，你没有看到我的网站，我可以通过附近人加你，让你进来，你平时只要订阅了我的这个账号，你没有需求的时候，我可以引爆你的需求。我们可以通过信息的发布来进一步影响客户。

第九，客户价值粉丝化。这是一个比较重要的特性，客户已经不再只是我们的一个客户，而是我们的追随者，我们才能够把东西卖好。所以我们在做营销的时候不仅要卖东西给客户，还要卖感觉，感性的东西，让他喜欢上你，不仅要把客户变成用户，还要把客户变成女朋友，变成哥们儿，变成闺蜜，要达成这些，我们需要更了解客户。因此，在做微营销的时候，我们还要有自媒体，自媒体能影响客户的消费欲望，能产生意见领袖，当企业成为意见领袖的时候，就不再只是一个销售平台，更是一个文化传播中心，才能够拥有长期稳定的客户，才能够实现客户价值的最大化。因为你可以通过这样的模式让客户价值粉丝化，可以实现更多的转介绍，可以加强品牌的黏性，可以加强客户反复的购买率。这就是微营销的核心。

这就是移动 O2O 营销模式的九大变化，当企业在意识到了九大变化后再去做移动 O2O 微营销，就会有对应的调整和规划。

10 条微信卖 4 万　“土曼 T – Watch”创电商纪录

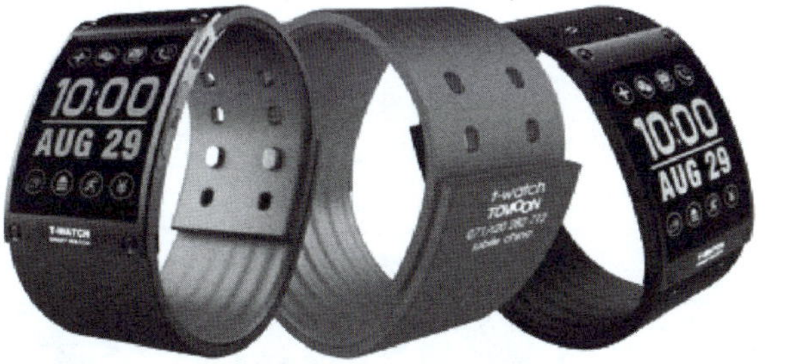

9 月 5 日，“土曼 T – Watch”智能手表以 499 元超低价预售，引发微信朋友圈追捧，没有广告，没有软文，也没有自媒体账号推送。没有功能介绍，没有配置参数，只有 3 张设计图。10 条微信，近 100 个微信群讨论，3000 多人转发，11 小时预订售出 18698 只“土曼 T – Watch”智能手表，订单金额 933.0302 万元。

新兴的硬件极客公司土曼科技，不但借势三星发布智能手表的热点上位，更成功完成接近 2 万名种子客户的积累和品牌势能。这是中国首例“热门产品 + 封测价格 + 微信朋友圈传播”的极客营销。不经意间，蓝港在线董事长、土曼联合创始人王峰创下了微信朋友圈卖货的纪录。

2. 移动O2O营销模式的四大特性

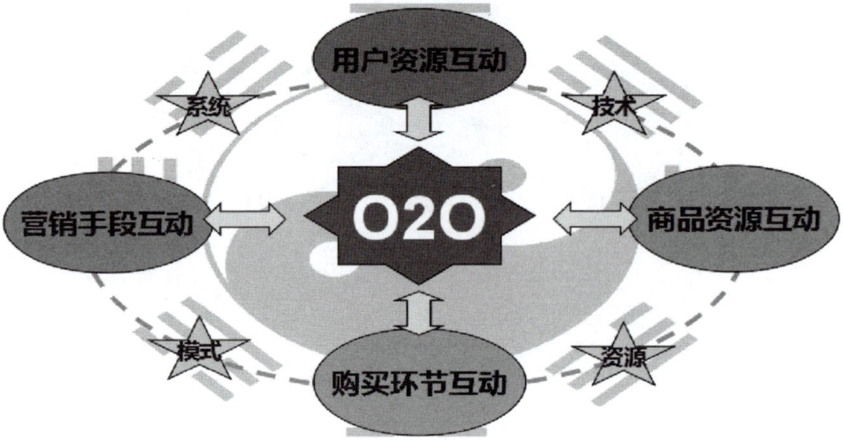

我们在打造移动O2O模式的时候，需要对应客户的九大变化，还要注意四大营销特性。这四大营销特性我们分别用四个互动来表达：用户资源的互动、商品资源的互动、购买环节的互动以及营销手段的互动。

第一，用户资源的互动。从O2O概念来讲，用户资源有两个源头，一个是online（线上），一个是offline（线下），即便网络营销有很长一段时间了，还是有那么一群人就是不上网买东西，对他们而言，他们就是觉得线下的安全可靠。甚至还有人就是喜欢用存折，这些人企业不能不做他的生意吧，再怎么样他也是企业的潜在客户，所以，线下的客户是我的客户，线上的客户更是我的客户。线上客户越来越多，那么我们要做市场，客户已经分化，我们的营销不能分化，要实现线上客户和线下客户的营销，你就要O2O，线下买，线上买，都可以，或者他从线上看一下可以，要买还得去线下买，我满足他。所以用户资源要实现互动，线上的客户群体与线下的客户群体进行融合。

第二，商品资源的互动。商品资源的最大化就是流通速度，流通速度越快，商品资源的利用率越高，像钱一样的，同样100万，你来花和别人花，别人可以产生1亿元，你可能只产生2000万元，为什么？他流通的速度比你快，商品就是资金，我们如何能够实现较大的流通？移动O2O营销可以实现，它可以实现最大的资源调配。很简单，A店的货可以通过信息终端向B店快速调配，B店的货可以在A店用信息终端展示，我们在商店里面有200款衣服，A店和B店同时卖。A店放100款，B店放100款。两家店各放一个电子屏幕，互相展示对方那一板块，在不增加面积的同时可以卖200款，O2O把信息终端与店面连在一起，商品资源可以得到互动，商品的流通速度变快了，资金就增多了，我们的这个投入就增加，利润增加，竞争力变大。

顺丰此次推出的“嘿店”，与1.0版本、2.0版本的门店以及常态的便利店有明显区别。顺丰速运公司称，“嘿店”店内的海报、二维码墙放置虚拟商品。售货流程是，顾客手机扫码、店内下单，货物将随后由顺丰速运的快递员送上府去，或者由顾客稍后自提。鞋帽衣服陈列样品，供顾客试穿。因此如果把顺丰嘿店想象成传统的社区便利店就大错特错了，这里没有满货柜的食品、成箱的饮料，除了几台供购下单的触屏机，到处都是供手机扫码下单的“纸牌”，食品、服装、数码……品类将越来越丰富。苏宁几千平米线下店陈列的冰箱、彩电只是“嘿店”里的几摞纸片。没有仓储压力、省掉了收银员、理货员，还节约了展示空间，门店的运营成本是社区便利店的零头。届时顾客开车回家路过此地，挥舞手机一扫，都不用下车。人到家刚刚坐定，一箱啤酒已经送到。同时实体店还将起到招牌、广告的作用，让顺丰 APP 成为该社区最流行的手机应用。

第三，购买环节的互动，就是实现了两个购买场所相互的资源，线上浏览、线下购买，线下体验、线上购买。线下体验干吗线上购买了呢？顾客有这种需要。线下体验的时候，顾客不能即时决策，人购买东西时会犹豫，犹豫并不代表不购买，但是体验的时间太有限了，如小张准备买东西，可他老婆说：“快走了，别看了，我们回家后还得做饭，放学还要接孩子，快点走。”想下手了，钱都快掏出来了，老婆把小张拽走了；女性更严重，男人根本就不喜欢跟女孩子逛街，“老婆，你要买就买，不买就算了。”这些都会影响成交，但现在没关系，客户要走了，“先生，没关系，您比较忙，因为这个产品我们网上都有，您扫一下二维码，手机可以看，都可以挑，挑完了你手机一订就可以了，还可以打 95 折。”是不是更好？是的！“不行，我一定要 5 折。”“不行，我们现在不能打 5 折，够 5 个月以后可以打 5 折。”有这种客户愿意等的吗？也是有的，比如我愿意等 5 个月买打折的产品。只不过等到 5 个月后不知道忘到哪里去了，忘到九霄云外。但是没关系，客户要等 5 个月，可以，扫一下二维码，输入 5 个月之后卖给你，然后 5 个月之后弹出来，“张小姐，你 5 个月前看的那个包现在打 5 折了，你要不要买一下？”终于等到了，手机画了一个圈，密码就输进去了，购买成功，恭喜。那个业务员那个月的业绩就记上一笔，5 个月之前你那个客户终于把包买了，这个月的提成可以加多 100 块。他开不开心？皆大欢喜。所以，购买环节的互动保证了购买频次的增多，消费频率的增多，购买率的提升。

第四，营销手段也可以互动。原来企业只是投放电视广告，但用户不一定看电视广告，他有时候低头看手机，有时候看报纸，有时候看网络。现在没关系，通过移动微营销，客户在哪里看都可以，让客户低头也看到广告，抬头也看到广告，左看到，右看到，所以客户是不是容易买？因此网络营销手段、地面营销手段这些整合在一起，就叫全网品牌推广、全网销售和全时段销售。半夜起来上洗手间，睡不着了，看看手机。看着看着就买了一个电风扇，大热天的，烦死了，睡不着觉，看手机，电风扇，打5折，明天就要用，明天电风扇就送过来。

这就是移动O2O营销模式的四大特性，企业要思考这四大特性怎么用在营销渠道里边去。如店面设计就不应该是现在这个样子了，你的店面就要变，是不是变了？地面渠道的营业员的培训要不要变？得变，你得让客户去扫二维码，是吧？要教育营业员，让客户扫二维码对营业员是有好处的，对不对？这些都是需要企业营销人员在这四大特性后面去分析和审视公司目前的营销体系，应该如何迎合这个新的商业模式去做作整，去思考去转化。

100天销售20万个肉夹馍，一个传统小店是如何做到的？

在北京五道口的搜狐、网易大厦旁边，一个挂着红色招牌的木制房子前，经常排着几十米的长队，顾客在三十几摄氏度的高温下都愿意排十几分钟的队买一个肉夹馍。这家店是一家陕西特色餐饮店——西少爷。这家店有着100天销售20万个肉夹馍的纪录。

孟兵自述：开店之前我们团队写了一篇《我为什么要辞职去卖肉夹馍》，在朋友圈有很广泛的传播。这篇文章是我们团队一个合伙人写的，这是我们经历的整合。我们找了“北漂”生活这么一个很容易产生共鸣的点，文章一出立刻引

发了大家的共鸣。当时我们考虑到微博的活跃度在降低，而微信朋友圈在地理上的分布相对集中，所以选择了微信这个平台、这个很精准的圈子。除了线上的营销，我们也做了充足的线下营销工作。比如我们知道互联网出身的我们去做这样一件事肯定会引起大家的关注，所以告诉网易、搜狐等的员工拿工卡或转发会免单。另外我们考虑到老人和小孩不太会用朋友圈，还发了一些优惠券。这样的组合方法效果很好！

做这些营销并不完全等于我们用互联网思维做事，我们团队坚持的是实用主义。首先我们是互联网从业者，但是我们非常尊重传统行业的规则。不管做一家互联网公司探索创业还是一家传统公司探索互联网，都要充分理解两个行业的特征，因为这种结合一定会产生消费体验和商业规则的重塑，要在这个中间找到位置。所以只能说我们所做的每一步都是符合这个时代和商业环境的。

3. 移动O2O营销模式的三大突破

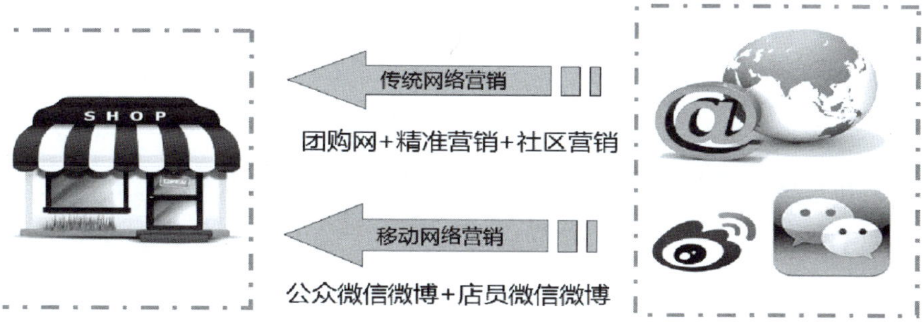

移动O2O营销模式取得了三大突破。

第一，突破了空对地的营销。以前空是空，地是地。空对地的营销就是指的线上营销可以往线下去推送。空对地的营销有哪些手段？如何能够从互联网往线下拉客户，有哪些手段？微信、微博、邮件、团购网等等。关键是地面店在网上卖什么，怎样让客户去地面店消费。如根据节日进行促销，往地面上引，搞地面活动。“520”了，今天我们所有的地面店理发，剃光头不要钱，别的全部打5折等等。移动互联网和宽带互联网都可以往地面去做营销，关键是我们要设计出很好的引流，中间环节你还可以穿插什么呢？店销、网销、抓数据，后用电话营销，用会议营销，这都是可以的，空对地营销的特点是精准，低成本。在传统地面营销派传单中，10个有7个都不是你的客户，有3个还懒得拿，扔到垃圾堆，扔了2个，剩下1个，回去以后放在凳子上忘记了，完全没有意义。而空对地营销能实现低成本，快速拉客户，这是第一个突破。

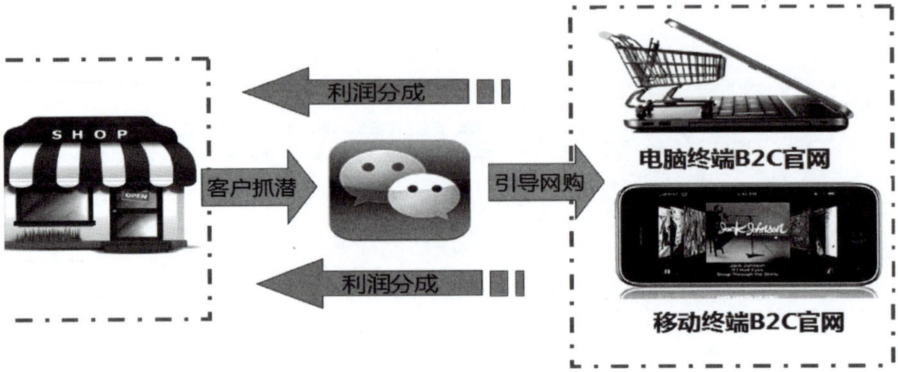

第二，实现地联空的营销。地面联合空中来营销，offline to online，地面店为什么要联合这个线上的成交终端来营销，有什么好处？首先线上的成交终端主要是拉伸了成交空间，客户在哪里都可以买了，原来地面店只能在店周边可以买，通过线上终端，在北京的一个客户，跑到上海还是可以买到北京地面店的东西，去美国也可以买北京地面店的东西！其次是拉伸了成交时间，地面店的营业时间一般是早8点到晚10点，半夜3点半还有哪一家开店卖东西？但在线上就不存在营业时间的限制，24小时营业，所以地联空的营销主要是连在这，我们想方设法让人上网的目的是让我的店面由原来10平方米的店面变成1万平方公里，甚至整个地球的面积的店面。然后营业时间是24小时，24小时乘以全球的面积，再乘以全球的人口，的确是这样，通过地联空，可以面向全球客户去营销并成交，全国全世界的面积都成为你的店面。

地联空营销怎么做到？怎么才能做得到？用什么方法？第一个重点是“引发”，这件事情重不重要？很重要，靠什么去引发？二维码，光发二维码有用吗？送礼品。你们就会这两招了吗？二维码加送礼品，没点别的吗？其实游戏规则很重要，人很重要，文案很重要，活动很重要，商家什么都不写，但是营业员很有这个意识，这个事也就成了一半。其实我认为最重要的是人，所以抓重点，靠的是政策加教育加人。企业提供一个好的方案，让售货员愿意去引导客户上网，这是政策。还要让他知道用什么方法去做，这叫培训，然后给他很好的工具和媒介，如包含有二维码的易拉宝。至于说送礼物，不一定非要那么干，你啥礼物都不送也可以，如本来打 8 折，换个说法就进去了。能不能打折？可以，扫二维码即可打折，不就行了吗？有成本增加吗？零成本增加。所以怎么赢？靠的是人、政策和方法。

第二个重点，引到网上的营销体系干吗？实现两件事情，把客户变成粉丝，把粉丝又变成客户！先把潜在客户变成粉丝，后又要把粉丝再变回客户，这两个点很重要。如果没办法把潜在客户变成粉丝，加进来它就是僵尸粉，没用。光是粉丝，又没办法卖东西给他，同样没有用！所以企业要思考两个问题，客户为何而来，又为何而买。这里面具体谈到方法，我们对地面店的三种客户一定要实现抓潜。哪三种？一种是已成交客户，就是在你店里面买东西的，引导他到网上营销体系。第二种叫做 A 类潜在客户，进来以后谈了半天都没买的。还有一种叫过客，就看一看的。这三种人的抓潜手段完全不一样。第一种已成交客户基本上不会需要你帮什么就能把他弄进去，如我们去酒店住店的时候，一去前台，您是会员吗？我不是会员。不是会员你马上注册一个会员，就给你打 5 折，或者我送一个房给你住。好，还有，我不想注册会员，没关系，你扫一下二维码，你扫二维码就可以打 8 折。二维码就放在这，扫还是不扫？扫不扫也没关系，不扫就不扫，不扫给你一个券，礼品券，你去住吧。礼品券拿了，去住了，住了看，这券 20 块钱，20 块钱为了防止你丢了这个券，可以扫一下二维码，还可以再拿 20 块钱，连续给客户优惠三次，于是客户进来了。注意，办法很多，花成本没有？一毛钱成本没花。

引进去了以后，微信有三种，一个是公共账号，里面有两种，一个叫服务号，一个叫订阅号。还有一种是个人微信号，用这三种账号来成交。微信也是多维的，服务的归服务，促销的归促销，该给客户价值的就给客户价值。微信号，这三维的服务是为了让客户去你的网店，网店是卖东西的。网店既是卖场，也是服务中心。同时，地面店也可以卖，微信号还可以把客户往地面店引。因此，天天销售，处处成交，深挖客户。当地联空营销取得突破后，地面店的客户资源得到了最佳的利用，搞定过客，想买但犹豫的也搞定，买完了照样锁定，客户想买一个，不行，我要你买5个，我要你一辈子都买我的东西。所以我们说，传统的地面营销，一辈子开发新客户。那么移动O2O营销是开发客户用一辈子。

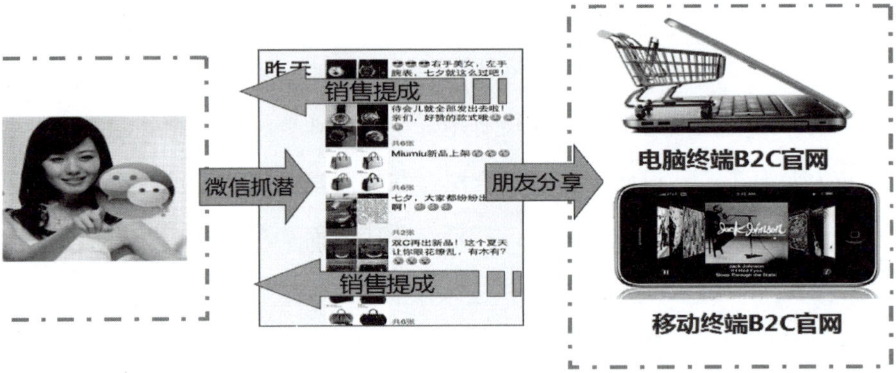

第三个突破，叫精准营销，圈子营销。我们知道对新客户进行销售的时候，客户的精准度很重要，你打散弹枪一样去打，效果是不好的。只有锁定了精准客户，针对这部分客户发力营销，那才是OK的。尤其是服务行业，餐饮、美容、水疗、医疗、装修都有地域性，所以不能够全国到处做，每一个店都有地域性，因此它的地理位置的圈子就已经限定了它的营业范围，我们如果是地域性服务的这种企业，就需要考虑我们的精准范围，只有这个最大片的才是我能够去成交的。客户特性也决定圈子，比如企业产品就是奢侈品，在北京最豪华的在哪里？CBD住宅区、豪宅，在哪里？五环、六环，跑外边去了。高档住宅区，我卖LV包的，我就可以锁定这个地理圈子。同时朋友圈子，物以类聚，人以群分，所以朋友圈子也是非常重要。然后联盟圈子也是，买蛋糕我搞鲜花的，买翡翠的搞美容的，都是一类的圈子。所以这三个圈子企业可以来挖掘，挖掘它们的这个资源。

如何在线上和线下用我们的营销系统找到这些人，并且施加影响呢？从营销手段上面来讲，比如说地理的圈子，我们如何能够找到客户，并且施加影响呢？我们可以通过网络这个圈子进行LBS（基于位置服务）的营销，定位营销，如我们在导航里面点开找附近的餐饮，有吧？加油站、餐饮业，可以跟百度地图合作，通过这个地理圈子，我们就可以做LBS营销。同时比如说搜房网里面有论坛，指的是这个小区的论坛、QQ圈，会发现网络上有很多基于地理圈子的这个平台。如果我们的这个产品和服务需要锁定这个区域，我们就要懂得客户所在的群体网络的圈子在哪里。怎么找呢？我们需要通过网络去进行了解。

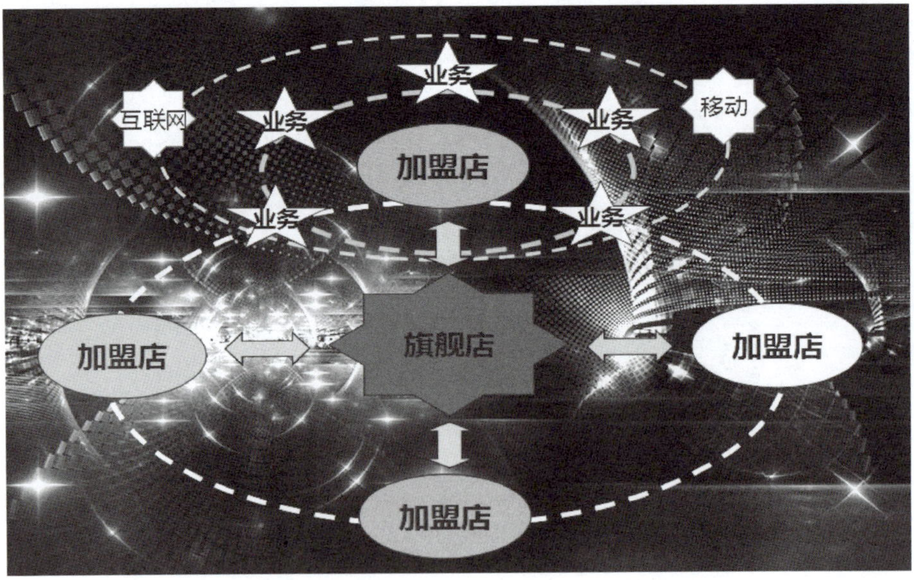

我们有一个客户是做服务器存储设备的，他们大量的客户都在中国存储在线里面，这就是一个很大的客户圈。里面全是一些IT男在公司里面当网管，他们需要什么？他们需要很多IT解决方案的服务，所以我们可以通过微信给他提供有价值的IT解决方案，让他们能够进入我们平台领域去销售。并且引导大家分享到朋友圈，为客户提供有价值的资讯和服务，让他们能够主动分享。我们就抓住了他的朋友圈，我们还可以组织活动，让这些人邀请他的朋友来参加我们的网络活动，来抓住我们的圈子的客户，到网络点赞。此外还有易业联盟的圈子也可以，如你的网站是卖珠宝的，我的网站是卖LV包的，我们俩就可以投两份广告，可以产生四份效果，每个人都可以产生两份网络效果，所以当我们把地理的资源、网络的资源这种朋友圈的资源、联盟的资源进行一个整合，就能形成人人卖产品，处处做成交的模式。这就是移动O2O营销模式需要突破的三个核心点。

O2O走进上海市井深处，80后卖烧烤年销售近300万元

80后的李烨最近着实火了一把，首先是他出身豪门而又经历破产、辍学，靠扛箱子、摆烧烤摊挣回生活费，又投身互联网创业。而最终让他火起来的，则是在杨浦区翔殷路的偏远地段一家门面不到20平方米的烧烤店里，李烨依靠微信、微博、淘宝等O2O营销方式，去年卖烧烤卖了近300万元，赚了50%的毛利。

李烨还大胆跨界做分销，一手“混搭”玩得很熟练。通过对消费者心理的揣摩，他曾试探性地在烧烤店里卖起了面膜，主打“烧烤后护理”的概念，结果被一扫而空。他还敢卖玩具，推销的卖点是“让小朋友一边玩去”，防止其在大人烧烤的过程中捣乱受伤，同样迅速售罄。

“年底前，上海还会开两三家实体店，都在一些新的住宅区旁边，前店后仓，店内都会贴二维码。用户可以通过微信预约，然后来店提货，我们帮他现场加工。”他说。

重归实体渠道，李烨有自己的考虑。“社区实体店一来代表品牌形象，二来是半成品提货点，三是分仓。哈佛有一个经典的零库存供应链体系，就是通过库存分解，比如把一个2万平方米的大仓分解成200个100平方米的小仓。当实体店达到一定密度后，相互之间的调货成本是很低的。”李烨说，他对店铺流水有信心，可以抹平商业地产成本的增加。

第二章 移动 O2O 营销模式三大步骤

把移动O2O模式植入到我们的企业里边，必须要经过三个重要步骤：建系统。培训人、分步启动O2O系统执行路线图。

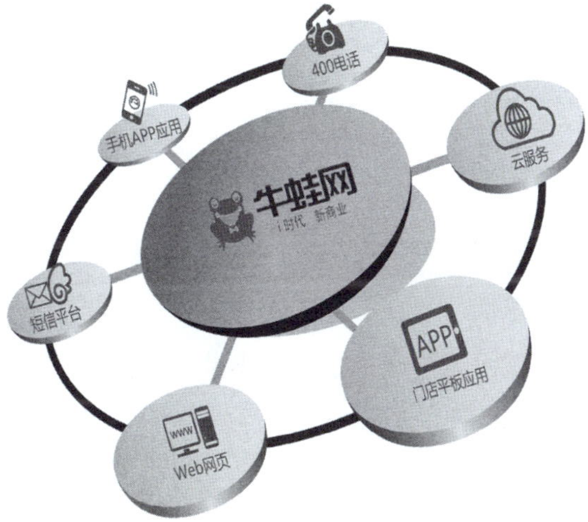

我们可以用 O2O 关于商品资源的互联互通，把加盟店之间的商品进行关联，可以利用 O2O 里边那个朋友圈子在网络上招很多网络业务员，去跟我们的加盟店共同服务，结合我们的老客户，这是产品信息圈。同时我们还可以利用互联网、移动互联网和宽带互联网为地面店引流，这个圈子是 O2P（本地化生态圈），用客户人脉圈子为地面去引流，这个圈子是地面店的云库存体系的圈子，让商品资源可以快速流通，然后我们可以结成这样的一个大的 O2O 的系统来应用，这就是我们说的移动 O2O 营销模式。把这个模式植入到我们的企业里边去，必须要经过三个重要步骤：建系统、培训人、分步启动 O2O 系统执行路线图。

1. 建系统

第一个步骤是建系统。这个系统是关于技术基础系统和应用系统。首先企业的地面店要有一个 O2O 的系统，包括地面店与总部相关联的客户关系管理系统，每一个地面店都要想办法把客户信息引入到总公司的信息化管理体系里面去，建立大数据。

其次，前面说过，线上能够往线下引流主要是人在发挥作用，所以需要有人员培训系统。同时商品资源要在各个店之间能够相互连通，你需要有虚拟仓这样的一个系统，要有仓存库存连在一起，这是关联性的系统，这是地面店要完成的部分。然后总部要完成基于宽带互联网的 PC 端的销售系统，是 B2C 销售网站。如果企业要招商，还要有一个招商的网站。移动终端可以用微博、微信，还有手机网站，就是微网站，以及 APP 来进行云销售的这一整套的系统都需要把它建立起来，这叫系统的基础建设，下面用图来表达。

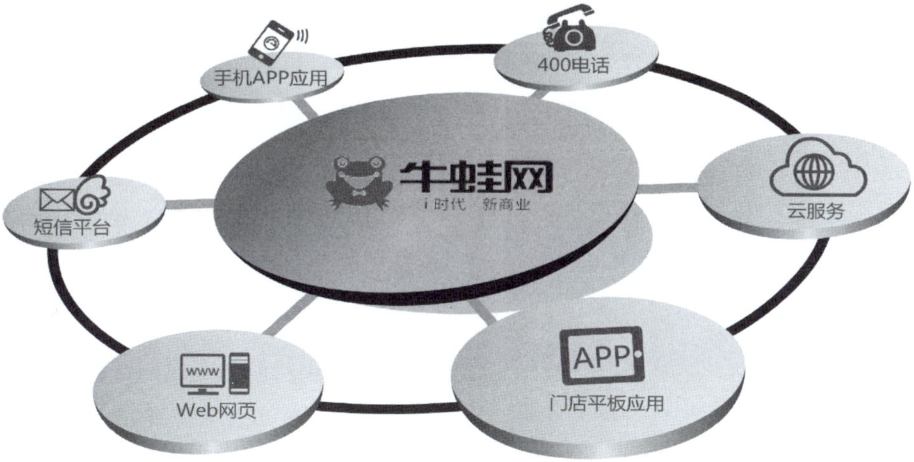

手机网站和我们的 PC 端的网站就不大一样，手机信息展示面非常的有限，所以只需要把卖点跟核心产品重点作一个展示就可以了。APP 营销也是 O2O 里面一个可以采用的方法，但是需要提醒一下，不是所有的 O2O 都需要做 APP 的。做 APP 是根据企业的特性来做的，例如航空管家就可以做。每一次客户坐飞机的时候可以查航班到达的资讯，有没有按时到达，还可以看整个机场的现状，有延误时会告诉客户，要上飞机时会提醒客户，甚至还可以通过 APP 订飞机票等，对客户来讲是有使用价值的。

想通过 APP 把营销做好，APP 必须有使用价值，如果没有使用价值，只是一个信息发布平台的 APP，很难留在客户终端。试问一下，谁会在手机 APP 专门看一个公司的新闻？但是如果 APP 有使用价值，它就会留在客户终端。比如说有一个做桶装水的 APP。客户家里的桶装水是由谁叫人送水过来？一般老爸、老妈或其他老人在家里，他们不大会用电脑，手机支付、微网站就更不会使用，但 APP 有一个功能，当需要订水时，老人家只需在手机上打开 APP，摇一摇，按个 1 就可以订了，就这么方便，所以这种 APP 对客户来讲是有用的。

APP 装到手机上也许比较容易，但是没有强大的服务价值，能够留下来不被用户卸载就比较困难了。因此 APP 的应用不一定所有人需要。因为我们只要把微信公众账号做好，微信个人账户经营好，就相当于已经做了 APP 了。只不过这个 APP 是寄生在全国人民使用量最大而且永远不会删除的微信 APP 里面而已，企业与其自己做一个小的 APP，还不如在大的流量的 APP 里面分流一部分属于自己的客户，量可能还更大一点。

我们可以完全基于微信来考虑这个问题，我们客户用微信卖房产，三个月销售额达到 1000 万，就是用微信的公共账号卖的。

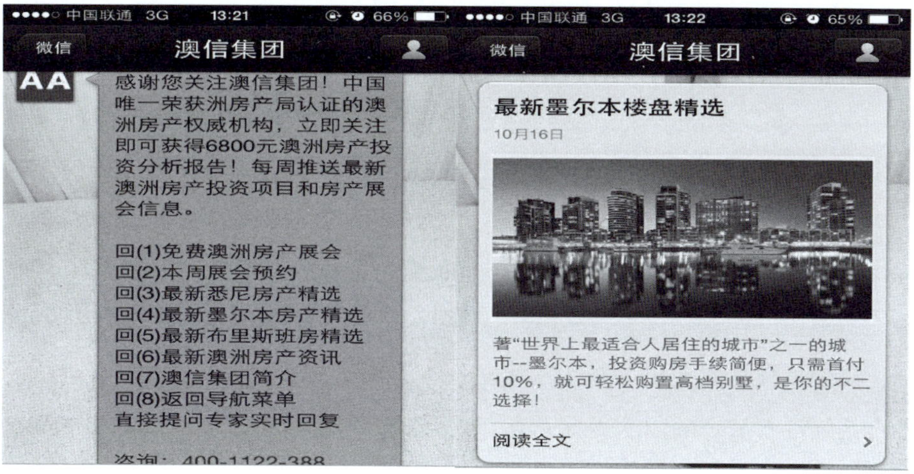
中国联通 3G 13:21 66%
微信
澳信集团
AA
感谢您关注澳信集团！中国唯一荣获洲房产局认证的澳洲房产权威机构，立即关注即可获得6800元澳洲房产投资分析报告！每周推送最新澳洲房产投资项目和房产展会信息。
回(1)免费澳洲房产展会
回(2)本周展会预约
回(3)最新悉尼房产精选
回(4)最新墨尔本房产精选
回(5)最新布里斯班房精选
回(6)最新澳洲房产资讯
回(7)澳信集团简介
回(8)返回导航菜单
直接提问专家实时回复
中国联通 3G 13:22 65%
微信
澳信集团
最新墨尔本楼盘精选
10月16日
著"世界上最适合人居住的城市"之一的城市--墨尔本，投资购房手续简便，只需首付10%，就可轻松购置高档别墅，是你的不二选择！
阅读全文

2. 培训人

第二个步骤是把人培训好，在建立系统的同时要进行人员的培训工作，否则系统没有配套的团队去运营就无法落地。培训人很重要，有四种人员需要重点培训。

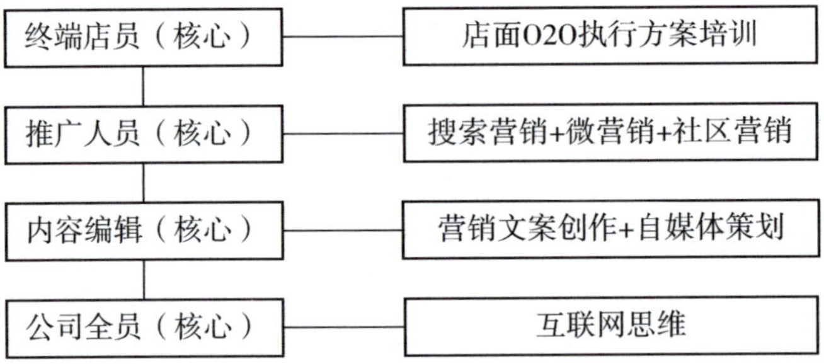

首先终端店员，就是地面那个O。对于这种人员我们需要个性化的制订企业的O2O店面执行方案，还有相关的政策。

其次，网络推广人员。推广人员需要培训的是O2O的营销技巧。

再次，内容编辑人员也是一个核心。移动互联网营销是要把客户变成粉丝。客户怎么能变成粉丝？是因为企业给他提供了有价值的内容，这意味着企业要做好O2O就必须有一个强有力的内容输出团队，具备营销文案创作以及自媒体策划的能力。

最后，是公司全员都要培训。企业要做O2O，如果企业员工并不知道什么叫O2O，那么企业肯定实施不好，所以要对全体员工培训互联网思维，员工要具备这个思维，要同意拥护支持这件事情。

把系统建设之后，企业要制订具体的店面执行方案的策划稿，然后由项目实施人员对公司员工宣导。首先培训中层，然后中层把所有店长召集到总公司开培训会，最后由公司相关的业务总监对业务员培训。这些方面的培训必须到位，培训不到位，宁可先不做。做了结果不好，结果不好就会永远不想做了，所以当企业培训还没有开展时不要去实施企业的 O2O 计划，必须企业整个团队都渗入到这里边去才能做得出来。

如何做好培训呢？移动互联网上面的 O 可以由策划专家团队来帮你去组织执行，可以有很多新的方法。但是衔接点最难的就是执行的终端地面店，终端地面店的人员知识结构基础比较低，接受新生事物的速度会比较慢，所以必须有一个简单可执行的方案，简单到只需要最基础的配置就能够完成，简单到只需要一两次的上门培训就可以实施。企业只要以这两个标准来衡量执行方案就对了。

前些天我去了一家做这个地面市场门店的，我们负责这个项目执行案的实施，当我们与企业王总在谈的时候，他请了一个也是行业内的营销顾问专家和我们一同来探讨。刚开始的时候，那个顾问专家对我们这个 O2O 的执行方案极其抗拒与担心，他说："韦老师，你评估过王总他们公司地面终端有具备执行你这个方案的能力吗？"我说："张老师，你听我讲完，你自己再评估他们有没有能力执行。"当我讲完以后，他说哇噻，果然是高手，他发现这个事情基本跟地面不需要怎么执行，连电脑都不需要动，他只需要张开嘴说几句话就可以了，他说这个方案可行，可以落地，因为我们把它大道至简了。

所以一个合格的 O2O 营销落地方案，店面执行终端一定是非常简单的，同时要让店员的思想重视又重视，超级重视。企业要做到这四点：执行者意向高，保护既得利益，政策优惠到位，督导支持给力。开始的时候，企业先找执行意向度高的人去做，如果企业有 100 家店，其中有 10 个店长特别愿意执行，让他们先做，起示范作用；要保护他们的既得利益，反复跟他们强调他们的既得利益一点都不会少的，不会有什么伤害，只有更好；而且还要给他无与伦比的优惠政策，吸引他去做；同时企业的督导要到位，在很多项目实施的时候，前期做的效果非常棒，后面稍微放松一点，店面的督导效果就直线下降。前期企业的督导做到什么时候呢？督导到他这个店面出现卓越的成绩，打造成样板市场，在企业系统内进行宣导推广，树立标杆，然后才是快速复制！

3. 分步启动O2O系统执行路线图

第一步打牢根基，先把O2O系统想清楚了，策划完整了，把执行方案都做好，快速完成品牌基础推广工作及O2O系统基础建设工作。

第二步快速见效，把O2O系统执行方案形成PPT，去做培训，找样板店。要不惜一切代价建立样板市场。为什么要不惜一切代价？一旦实施失败，就没有第二次机会，就算有第二次机会，难度也要比第一次大很多。因为只要失败一次，企业员工就会充满质疑，觉得搞这个东西没有用，所以当地面店开始实施O2O后，第一个月要让他们比原来赚的多，哪怕你的O2O实施还不是很到位，本身的效果略微有一些提升，你得加量，你总部给他更多资源，他那个店的业绩就能上去，业绩上去以后，我们给他做一个很好的展示并进行复制。做样板店的时候一定要注意成果收集，所有的数据、所有的照片、所有的视频分享、所有的见证，一定要注意收集，因为那个是企业要去向其他的店宣导的教材。收集完后，经过系统化的规划，再不断推送。

第三步触类旁通，把样板店成果用多维喜报宣传（微信+短信+邮件+网站），召开经销商大会，扩大执行面，组织实地考察，逐步复制铺开。

第四步重拳出击。全面普及，优化扩大，深度渗入，努力挖掘客户数据，扩大长尾利润。

我们做一个项目的时候，第一个礼拜一上线，马上有300个客户参加了那个活动，之后一个月内有1万个客户的参与。我们立刻把这个信息通过我们的微信、自媒体公布给所有的经销商看，产生效果了，进店消费产生这种比较好的店面现象，有排队的，拍照分享，一定要追上，你要把他按真人秀的感觉来做。我们有一个北京客户在这一点上做得很淋漓尽致，他给我发个微信，都不下 100 条，如恭喜某某小学生在这个课程中取得了什么成果，他的母亲怎么样等，通过他不停地传播，效果很好。我们在泉州也有一个客户做招商的时候也是这么干的，他天天在微信上公布，我这个店这个月突破多少业绩，哪里又加盟个店隆重开业了，哪里又张灯结彩了，结果公司到处开花结果，效果非常好。

企业做营销的时候往往特别注重于对客户的营销，忽略了对公司内部的营销，但是你会发现一个公司的营销是由内至外散发出去的，如果企业自己的人很热衷做这个事情，他做的力度就会大很多。所以，企业做营销有两群人：一是对外，客户；第二是对内，企业内部员工。不对内做营销，企业员工不可能对外把营销做好。

案例："野兽派"卖的不是花，而是感情

自 2011 年底，新浪微博"野兽派花店"发了第一条微博，也就开始了这家微博店的传奇之旅。第一条微博引来了 20 条评论，并不算很热闹，但很快，"野兽派花店"就以其独特的经营之道和温馨的 140 字微博打动了众多粉丝，不到半年时间，粉丝量即超过 7 万，甚至连许多演艺界的明星都是它的常客。

"野兽派花店"独特在哪里？没有实体店，没有淘宝店，没有价目表，不提供产品目录，不接受指定品种，只通过微博来营销，只会给你搭配出个性化的花卉。"野兽

派”的成功告诉我们，原来电商有这样的一种经营方式，利用微博的“病毒式”故事传播免费获得大量的潜在客户，而动辄几百上千的礼盒又保证了毛利，这完全颠覆了传统电商拼得刺刀见红拼价格的“悲催”局面。甚至仅仅依靠一个微博，只要愿意分享故事，什么网站、服务器、架构通通都是浮云，私信＋支付宝就搞定一切。

第三章 移动O2O营销攻略及案例

移动O2O营销需要考虑的，除了原有的传统互联网的营销方法之外，还要注意开发微搜索、微社区、微信、微博以及微网站、手机网站和APP的布局。

移动 O2O 营销需要考虑的除了原有的传统互联网营销方法之外，还要注意开发微搜索，手机上怎么去做搜索营销，微社区、微信、微博怎么做，微网站、手机网站和 APP 的布局怎么做。二维码是一个把人从地面往天上引的重要入口，还有团购和论坛也是两个 O2O 很大的入口，都要考虑到。

“三只松鼠”快速崛起的秘密之一

互联网最具标志性的特点就是信息海量、信息碎片，如果品牌名不易记忆，企业的传播成本是很高的，所以，“三只松鼠”的名字出来了，好记！可传播！互联网发展到今天，传播最大的特点就是去中心化，人人都可以是媒体（微博、微信、BBS、SNS 等等）。因此，无所不用其极地将产品、服务做好（成本可控的范畴内，这部分成本大约不超过产品成本的 2%），好到超出顾客的心理预期，自媒体时代人人都爱分享，这时候，自媒体必然被激发。“三只松鼠”用了很多“术”的东西来激发自媒体。

1. 微搜索营销攻略

微搜索营销目前最具代表性的是两方面，一方面是资讯搜索，另一方面是APP 搜索，这两方面显而易见，用的最多是百度。所以企业要做这个 O2O 营销一定要注意，一定要重视，尤其要重视在百度手机端的投放。牛蛙网每个月在百度上有大量的广告投放，在 PC 端和手机端同步投放，目前手机端来的客户精准度甚至高于 PC 端，所以企业一定要注重手机终端百度的广告投放。

第二个是叫神马搜索，UC 浏览器开发的。神马搜索跟百度搜索有什么区别?它是一个基于移动互联网终端的一个特性来研发开发出来的搜索引擎，能搜信息，也能把 APP 搜出来。既能搜 APP，也能搜普通的信息和网站，是一个综合性的搜索，所以企业可以关注一下，也可以尝试去投放一下，这个叫“神马搜索”。但它现在毕竟还不成熟，我们认为它是一个“黑马搜索”，它未来能成为什么样子谁也不知道。搜索引擎能否推出去是一件很复杂的事情，跟终端的推广力度和客户的接受程度，与它具不具备有很好的差异化的定位有很大的关系。目前，至少神马搜索在我看过所有的移动搜索里边是比较有后劲的，因为它比较贴合于手机终端信息搜索的这个需求，是综合性地整合了网站的搜索以及 APP 搜索于一体，并且横跨所有 APP 搜索的平台，包括安卓系统的、苹果的，以及我们现在 91 助手所有的这些 APP 它都能通过神马一站式把它搜出来，有直接链接，比较方便。这就是我们说的移动搜索终端。重点的是企业可以尝试和了解投放一下就可以了。

如果企业做 APP 营销，你还需要在安卓系统、苹果 IOS 系统及各大应用平台里面进驻。至于怎么去进驻，就需要和这些平台联系，平台有相关的规则，还有搜索优化的一些规则。进驻 APP 搜索实际上主要为两方面：一个方面企业要有相关的广告；另一方面企业要刷量。刷量就要有关键词，软件的关键词命名要跟你的搜索关键词匹配，软件介绍里边要包含关键词密度就可以了。

传统婚纱影楼做电商的经验

“金夫人”建立在消费者行为研究上面的推广竞争策略

婚纱摄影行业竞争激励，也表现在百度竞价之上。据业内信息显示，在某些城市的行业重点关键词价格已超过 100 元一次点击。有些知名品牌，每月消耗在百度竞价上的营销费用高达 50 万以上。这也许是百度和百度代理商最为享受的，但对企业来说不能不说是一种难言的痛。

然而，随波逐流并不一定是唯一的选择。新的集团电商部包含了一支负责搜索引擎推广的技术团队，这个工作在很多的企业是交由搜索引擎代理商去做的事。在一系列的尝试和数据分析之后，他们发现，婚纱摄影潜在消费者在线上显得更加谨慎，平均每个顾客会产生十几个 UV，也就是在访问网站很多次之后才会有所动作。另外，在信息不充分的时候，潜在消费者会不断去寻找，对于知名的婚纱摄影品牌更多时候会用企业的品牌名进行搜索，因而受SEO影响的搜索引擎自然排名的重要性更高。数据表明，从百度竞价方面到来的访问量仅占到总访问量的一小部分，随后而来的是较大比例的域名直输访问。这里似乎可以得到一个大胆的结论，百度竞价的前三名并不如想象的那么重要。于是，“金夫人”出炉了“求展现不求第一”的竞价策略，同时配合以大量的域名宣传，自然节省了不少的“子弹”。

2. 微信营销攻略

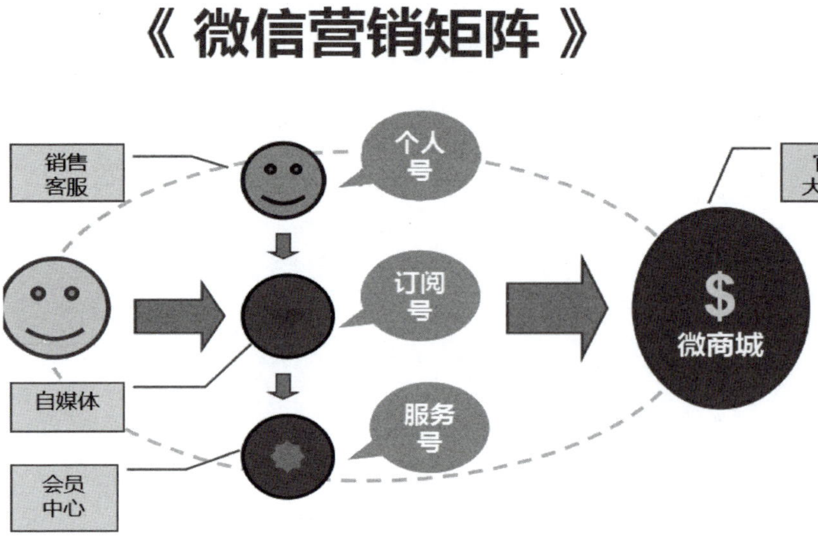

微信营销部分，首先从全局上要把这个关系梳理一下，这个关系很重要。我们来看这个图，涉及微信营销有四个平台，一个平台是微信的个人账号，一个平台是微信的公众账号的订阅号，一个平台就是服务号，还有一个平台是微商城。它们之间的关系是什么？它们是如何配合来进行营销的？我们通过上面这个示意图可以得到一个比较完整的了解。

客户进入企业的微营销系统有三个入口，可能是先从企业的业务员的个人微信号了解，后来被业务员引导到了企业公众账号的订阅号，或者直接引导到微商城，所以企业可以让业务员想办法通过分享的模式、通过要求的模式把客户引导到订阅号、服务号、商场或者直接去微商城买东西。或者客户先进入订阅号，包括企业对终端的宣传。订阅了以后他被引导到服务号里面去，也可能同时引导到一个业务员那里跟进服务。

比如说客户加了公司的公众订阅号的微信，订阅号会告诉客户最近可以参加公司一些什么活动，为了让这个活动得到更好的服务支持，还可以推荐一个专门的客服人员（客户只需要回复一个数字，订阅号就会为客户配一个人专门给客户做服务），反过来也可以引导回去的。这个与企业在网站上做网络营销很相似，当客户进入网站之后会有客服人员与他沟通，这个客服人员有两种情况：一种是客户上了网站之后点到企业的在线客服，就跟客服人员联系上了，接下来有电话沟通、短信沟通了；还有一种情况，客户不点企业的在线客服，而客服会主动找你。如现在微信公众账号服务号里面包含一个功能叫客服功能，它可以自动分流进入服务号里面的客户，把客户分流给不同的企业客服人员的个人微信号以及电脑终端的在线客服系统来进行沟通。

最终企业不管是从哪个入口进来，都通过订阅号去做这个黏性，留住客户；通过个人号去做促进，跟进服务；通过服务号来进行一些促销活动等。最终企业把客户引到哪里？把客户引到销售平台去进行产品销售。所以这两个点（个人号和公众号），客户进入公众号和从公众号进入微商城是重点，让更多的客户能够进来，同时要让进来的客户以后进到微商城，所以这两个点（个人号和公众号）怎么突破，是企业需要重点考虑的问题。

个人微信号、公众服务号和订阅号的作用要分工一下。第一个人微信号可以视为销售的客服，就是企业网站的销售客服，功能是一样的，就是我们在网上能够聊的 QQ，平时需要跟客户或潜在客户进行一对一的交流，进行问题的解答，个人号起这样的作用。它的通路与我们用 QQ 也很相似，还可以用 QQ 的空间、微信的朋友圈分享去成交客户，同时可以进行一对一的沟通，如问候客户周末愉快、节日愉快等，可以通过语音也可以通过文字跟客户沟通，所以这是个人号的一个重要特点。第二是订阅号，订阅号的目的就是给客户提供持续的有价值的资讯。早在七八年前我就用了订阅号的功能，只不过那时候我用的是论坛。我用论坛做什么呢？我们发行了书籍和音像制品，所有的客户都可以通过一个防伪标志码进入我的网站成为会员，在论坛上给会员提供视频服务、提供论坛活动、提供专家问答。其实 O2O 早就有，只不过换了一种形式。所以订阅号就是给客户提供有价值的内容，相当于媒体杂志，内容要非常的好。最后服务号就相当于会员中心，给客户提供服务的。企业给客户提供服务也可能产生销售，提供价值也可能产生销售，一对一的沟通也可能产生销售。

（1）如何运营销售/客服个人微信号

首先要了解个人微信号怎么经营，如何经营好销售和个人微信号很重要。

包装

首先要包装。包装重不重要？包装不好别人不愿意理你。走在街上，打个招呼，一看蓬头垢面，衣衫褴褛，别人愿不愿意跟你谈？肯定不愿意。所以第一印象不好，后面会很困难。如何才能把你个人微信账号包装好，是一个重要的要素。第一你要有一个漂亮的头像，最好有一定的个性化。第二你的签名很重要，签名要么就感性，要么就知性，能够引起共鸣。你会发现有些人在圈子里面很容易引起关注，他并不是长得很帅，可能其貌不扬，但一说话就有吸引力，所以微信个人号就要重点包装，包装非常重要。公司做营销的时候，我们需要给业务员、微营销的业务员作统一的培训，让他们知道怎么去迎合客户的需求。第三要了解客户，与客户产生共同语言，就要成为客户爱好的“达人”，要成为他喜欢的东西的专家，否则两三句，你们就没得聊了。当你发现这个客户特别喜欢做瑜伽，你可以了解一下瑜伽，哪些瑜伽馆比较好可以跟他聊一聊，瑜伽有哪些方面也可以跟他聊一聊。所以我们要成为客户的知音。第四，微信个人号不仅要成为客户的知音，还要成为一个热情的知音。社区论坛里面的意见领袖有一个特点，他是一个最活跃的人，不管是谁，都会给赞一下，给顶一下，给评一下，给欢迎一下。在QQ群里面，群主也是最活跃的人。所以作为一个营销人员，你不主动，你不给别人好感，别人不可能回馈你，送人玫瑰，手有余香，是这样的。所以企业想把微信个人号包装好，要养成两个很好的习惯：一是大量的点赞，客户发条信息，先赞了再说。当然要看清楚，不能客户说“今天生病了打针了”就赞，那就麻烦了，而要评论或询问吃药了没有，关心一下！用心去服务，不是只做动作，要成为点赞与评论的“达人”。其实人们为什么要分享朋友圈？主要是要满足一种被重视的感觉。《蜘蛛侠2》里面有一个反派，是一个很普通的人，只是一个电工，默默无闻，有一天被蜘蛛侠救了，蜘蛛侠对他说你是我的内线，给他无与伦比的重视，他非常开心，他需要受到关注，后面他就自我膨胀了，变成一个狂人，到后来别人给他差评时他开始爆发，变成害人精，变成一个大反派。所以关注的力量很重要，很大。去年有一个新闻，说有一个很老实的环卫工人，所有的左邻右舍都认为这个人是一个勤勤恳恳的人，有一天突然间拿了两把菜刀跑到街上，去劈一个铁门，光着膀子，后来警察把他围住。他说终于干了一件大事了，一辈子没有人关注过我。所以说这是个极端的例子，人们都需要被人关注。

其实我上台做演讲，刚开始的时候很紧张，因为我认为我上台别人是看我表演，就是看我的表现，如果我表现不好，别人会对我有负面的评论，所以我很紧张。但现在我不紧张是因为我把角色换了，我知道别人关注的不是我本人，而是我讲的内容，所以我就不紧张了。人们最害怕的就是失去正向关注，最有动力的也是得到别人的关注。我的老师讲过一句话，卖产品不用卖自己，所以做一个很好的销售员必须要把自己推销出去，不是把人们的关注点拉到你这里来，人们永远最关注的是他自己，他即便关注你，也是希望你能够关注一下他。所以作为销售员需要搞定的是你的包装，一是要有形象，二是要关注他。

怎么样才算是很好的形象呢？我们来看一下之前的客户。他对微信的个人介绍和个人包装非常注重，想传达正能量，都不用负能量，所以他的微信里面一直在向人们传达他的一个价值观，给他人创造价值，享受自己人生的乐趣。所以他上了央视《奋斗》栏目。所以企业要指导业务员，一定要把个人生活微信账号跟他的业务微信账号分开，并且规定不允许在业务微信账号上面传达个人情绪化的东西，这是因为业务微信账号的传播代表了公司，客户往往会从业务微信账号里面的一个表现看到公司内部的一些情况，所以业务微信账号是需要管理的。

在微信头像方面，李鉴老师的头像就很有特点，签名更有特点，“怀一颗谦卑之心，去经验人生的风景与风情，去创造生命的意义。”文艺范十足，为了跟签名所传递的风格相似，他用了一个漫画的头像，这样让客户很有印象。所以业务微信账号的签名及分享的内容跟客户群体、主题个人定位一定要相吻合。

管理

其次是管理。个人微信账号运营管理的两要素，一是账号由公司统一申请，定期上传聊天记录。为什么要这么做？业务员跟客户的沟通记录就是公司业务的最大财富，业务员离职了，这个记录要留下来，为公司所有，所以公司统一配备，公司既然可以统一申请QQ号，自然可以统一申请微信号。及时的上传聊天记录，形成一种规定动作。如果出现手机丢失、损坏等问题，跟客户聊天的业务信息也不会丢。

二是根据客户不同建立微信群。众所周知，微信个人账号里面是可以建立微信群的，有一些信息需要统一的一对多的发布，但是公司会发现对老客户发的信息和对新客户发的信息是不一样的。所以你需要把客户群体、好友群体的微信信息进行规划，要用群来归类。当然，建的群千万不要把群的名字叫新客户、老客户，那就麻烦了。如果我们要做新客户，就定义为“网络营销学习群”；老客户的群定义为“网络营销执行群”，或者是“实施互助群”，把他们分类，不要写“老客户群”、“新客户群”。因为跟你合作、跟你聊微信，如果看到对方把自己列为老客户、新客户，自然是不顺眼了。

沟通

最后沟通的部分很重要。我最近加了一个北京的美容院的老板，他做微信营销特别积极。当我加他那个微信以后，他一天朋友圈至少分享80条关于美容院的产品信息，而且20条里面80%的内容是重复的，我不好意思删他，后来只好设置为不看他的朋友圈信息。所以如果你跟大家分享一下去哪里玩，看到了什么样的事情是不会烦的，哪怕自拍一下都不会烦到别人，但要是天天跟人家推荐产品，人家就会烦死你了；但如果你平时大部分时间与我沟通，我跟你互动频繁，突然有一天，你直接说到月底了你要冲业绩，这个东西很好，大家支持一下，我也不会反感。因此业务微信账号营销就是要从人性出发，不要把人搞得跟机器一样，那就不行了，肯定出问题的。所以信息的安全、客户的分类、内容的定位很重要。

我有一个微友叫Rose，在微信朋友圈里卖中高档的服装鞋包，在她的营销信息里边会穿插着很多服务性的信息，会教人做微营销、性感微营销三部曲等，这里面有一个“结婚为了离婚”的话题，是跟客户沟通的。结婚为了离婚，为什么最后为了离婚呢？这里面你看信息是互动的，不是单向的，大家都可以来谈一下，结婚为了啥的欢乐神回复。将近100条回复，回复也很有意思，写的也是很奇葩。有人说，爱情就是你今天和他睡完了，明天还想睡；婚姻就是你今天和他睡完了，明天还得跟他睡；有人说结婚是为了打雷下雨停电周边黑暗的时候就算找不到手电筒也不那么害怕；也有人说是为了证明当时是个瞎子——这太过分了；还有，这个人肯定是个钱迷，他结婚只有一个目的，为了收份子钱。所以你会发现现在的网名很奇怪的，他们喜欢一些奇怪的东西，喜欢一些叛逆的东西，喜欢一些与众不同的东西，喜欢哗众取宠的东西，这是一种心理：归根结底，就是为了两个字——关注，三个字——被关注。

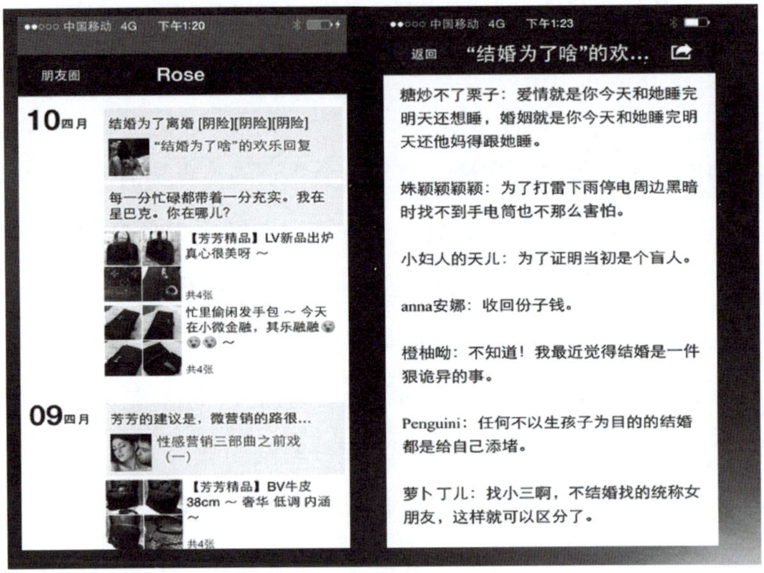

加粉

这些都是属于内容建设。内容建设之后我们有“加粉”，怎么才能够把这个粉加上去。

个人微信号加粉的方法，有三种入口。第一现有的客户资源，手机通讯录中加进去。第二通过活动，各种各样的网络活动都可以加粉。最常见的就是集赞的活动，集赞的活动是为了加一些叫做有号召力的粉丝。比如说我现在开始集赞了，你们只要集了 100 个赞，你就加我微信吧，把截图发给我，发给我之后，我就把礼物给你。但注意了，这时候所有都是那些集到 100 个以上的人才会加我，无疑就是抓了一些意见领袖，有影响力的活跃度强的人，下次我让他们帮我传播，就很有力量。因此集赞活动背后的目的是为了获得一群有力量的传播者，我花 20 块钱买个小礼物，我找一个能够一下子短时间内能够集 100 个赞的人，说明这个人人际关系很广。集完以后，你要分析他，看他的朋友圈，看这个人喜欢什么，你就知道他大概是个什么圈子，然后进行整理，通过各种微信活动投票调查、集赞都可以去让别人主动来加你。因为你的集赞，他的朋友活动同样会集赞。所以你的集赞的号召里面一定要放上你个人的微信账号，让他传东西给你。第三还有线下的圈子活动也是很重要的，参加各种集会，准客户的聚会，各种论坛、各种会议一定要想办法能够上台去秀你的二维码进行客户信息抓取。

主持人，我能不能发言两分钟？发言上去就说我特别喜欢交朋友，有喜欢这种的朋友有没有？请大家拿出手机，一定不要客气，立刻就干，拿起手机，打开微信通讯录，添加我的微信，我的微信就是 8 个 9，搞定。谢谢各位，拜拜，主持人，走了，搞定了。一下子一摊子全抓了，他不让你上台你还是可以想办法加，附近的人雷达摇一摇，现场摇一下送礼物都可以，都没问题。所以地面加，搞活动网上加，手机自有的通讯录加。这三个渠道你可以加很多精准客户的。但这时候你的微信的账户命名就很重要了。一定不能太复杂，一定要容易传播。

加完以后怎么处理很重要。第一个步骤先是加粉；第二个步骤是客户分析，加完以后你要跟他沟通，看他的朋友圈，看他的喜好；第三步是进行客户分类，俗话说，见人说人话，见鬼说鬼话；第四步就是客户开发，不是处理他，而是要服务他，要有针对性地服务他，你没有针对性地服务他就不可能产生效果。服务完了以后的目的是为了开发，开发可以用公司的网站配合，微信上面向客户介绍产品说不清楚，就可以让客户去手机网站上看清楚。还可以用微信公共账号配合，订阅号服务号都可以配合成交，要利用成交工具。

好了，开发的时候我们需要导入，如何将个人号的客户频繁地导入服务号呢？导入的方法大致分两个部分：一个就是分享好的资讯，在朋友圈里面分享还可以发给朋友，一对一地分享，让朋友进入我们订阅号。因为好信息好看的就会想加入。二是可以提供服务，互动的活动导入服务号、导入订阅号都可以。你看ROSE的微信就很有意思，每天分享很多东西，这里面有一个叫“深夜你在做什么”信息，这里面其实是她的公众账号的一个活动。这个活动会邀请你加入到订阅号里面去，通过朋友圈分享公众账号有价值的内容或者活动，由这个公众账号的内容活动直接加入你的公众微信账号就可以了。微信有一些工具是可以直接的发起投票、发起相关的这种活动，已经集成好了，不需要你自己去开发、去弄的。

同时我也可以分享我们的一次活动，我们有一次关于搜索营销的答疑活动，我们请到了一个关键词营销的专家——刘俊辰老师，他是关键词的顶级高手。他原来是在医疗行业里面做关键词营销的，大家知道医疗行业做关键词营销，那叫“黑海竞争”，已经超白热化了。如果你遇到一个做医疗行业关键词营销的人，我告诉你，这基本上可以判断就是个高手了。这个行业已经非常的残酷了，我只能用“残酷”这个词来形容关键词营销，所以你们在关键词营销里面遇到的任何问题，可以在牛蛙网公众账号把这个问题写了回复到上面去。YY聊天室刘俊辰老师会在里边直接用话告诉大家，进行个性化的解答，就相当于顾问，通过这个活动，如果原来不是我们的公众微信账号的会员就会加了。这些都是我们可以借鉴的方法，通过个人号来传播你有价值的信息和活动。

小细节提升顾客体验：绿茶餐厅叫号系统的学问

因为绿茶餐厅本身性价比很高，很多用户需要排队等位才能就餐。而针对等位这样的用户痛点，绿茶餐厅则很早就上线了叫号系统和就餐提醒短信（微信），人们在等位的时候拿了排号后，不用坐着干等，可以走开逛逛商场，快到就餐的时候，餐厅给顾客发短信（微信）提示“您前面还有2桌，可以过来等待就餐”等。这种小细节可以“召回”部分因等位而流失的客户，也会让用户感觉更加方便，提升顾客就餐的体验。

（2）如何运营微信公众账号

除了个人微信之外，公众微信账号的运营也是非常重要的部分。我们如何来运营我们的公众微信？

公众微信账号运营有四大关键步骤：定位、基础建设、加粉、转化。

我们说做任何的营销活动，第一步是定位，做微信公众的账号营销，不管是做服务号也好，或者是做订阅号也好，最重要先搞清楚为谁服务，同时服务如何能够吸引到客户。定位之前要调研，调研要调研我们的产品，主要满足客户的什么需求，调查竞争对手的情况，竞争对手有什么，我们有什么。然后定位，定位客户群体，定位我们提供的服务内容。

在做调研时，我们要先去跟客户做了解。怎么能够了解客户呢？这个公司里面了解客户的人是谁？销售人员，客服人员，那么我们的客户最需要什么样的服务？这是要销售团队了解的。

我们前段时间为一个很普通的工业产品，就是存储设备项目服务的时候，我们说要做一个服务号来引发转介绍。如何才能在服务号里面给客户提供价值呢？当时我们主动询问的就是公司业务部门的业务人员。咱们的客户在利用存储设备的时候，他需要有哪些支持，需要哪些服务，需要哪些支撑。从业务人员那里了解到，其实客户对于产品的售前服务有很大的需求，因为这种存储设备是属于非常专业的产品，客户在购买产品之前如果没有很好的解决方案，等于花了很多的钱做了一件并不需要他投资的事。比如说这个服务器，其实不需要做异地容灾的备份，如果客户做了异地容灾方案，在北京设一个点，上海设一个点，那成本就很高了。我们有没有其他的替代解决方案，而且我们用这个产品，这些都是很专业的东西，往往很难给公司一个价廉物美、效果很好的解决方案，所以客户前期非常需要能够有这方面这种专业的指导。不仅如此，我们会发现在企业里面做信息管理工作也是一件非常烦琐的事。每一天都会遇到公司网络里面各种各样的问题，比如整个公司有一半的电脑中毒了，而且怎么处理都处理不了，头快爆了。公司越大问题越多，所以这些网络管理人员整天会在网上了解很多专业知识，因此对客户群体定位能给他提供什么样的服务，才能帮到他们。所以我们先要调研客户的需要，同时我们还要调研竞争对手在微营销里边做了什么。如果已经有人做得很优秀了，我们再去做这方面的效果就会相对弱了。所以我们需要在网上同样的调研，在网上有没有有类似的平台在做我们即将要提供的服务？这就和我们在网站上做产品的卖点是一样的，只不过你要变成你给客户提供的增值服务的卖点，需要把这个梳理清楚。好就好在微营销跟搜索营销有一个巨大的不同点，微营销的圈子概念会很强，客户反复上微信上搜索别的平台的可能性不是很大，一旦发现有一个平台能满足，忠诚度就会很高，所以这个先发优势就更加的重要。也就是说一旦企业在整个微信的公共账号平台里优先提供某一类的服务，客户加进去以后再换别的服务的可能性就很少了，就认为这个平台能够提供足够的服务了。比如我自己用惯了那个航空软件，我再也不会在APP里搜类似的软件，再也不会去换了，只要这个软件能达到我的基础需求就可以了。所以微信公众账号的忠诚度会比网站的忠诚度要更高。这就代表了我们在做微营销、做公共账号的时候速度要快，如果速度不够快，那么在其他账号占领了自媒体的前端以后再想去改变就很难了，即便你比他做得优秀。

第二是基础建设。定位清楚之后，我们再来进行基础建设。在这里要思考一个问题，在客户的三种核心需求里面，我们公司的资源如何去满足？仍以那家做存储设备的公司为例，他们公司已经做了 20 年，公司里面的工程师级别的元老就非常的多，而且他们可以说是行业内最过硬的，因为他们全部为政府行业的大项目去做服务，几乎没有什么疑难杂症搞不定的。这个时候我们就考虑到首先要发动公司的工程师来做这个事情，怎么做呢？首先派一群人去网络上搜集目前最棘手的网络问题和最常见的网络问题，把它收集下来。集中一段时间，如一个月，采用公司内部征稿的模式来征集。内部征稿也要设奖励机制。在这里要注意的是，企业千万不要怕分赏。因为这些人都是公司的骨干，他们的工作一定是很忙的，所以公司要以主动活动的形式把这个事情完成一个基础的内容，内容至少可以维持比较长的一段时间能够不停地发布出去。每个月你集中处理一两次收集信息就可以了，然后逐步把它释放出来，形成一个有价值的平台。这就是内容基础建设。

后来我们发现其实这些内容不仅可以来源于公司内部，也可以来源于公司外部，当时我们就在中国的存储设备网上面发起一次征文，同时也向外界有偿征求解决方案。当解决方案回来了以后，甚至企业可以让方案提供者在平台里面成为一个兼职的专家。技术型的人才也非常需要别人的肯定，是内心的诉求，跟利益没有关系。所以这个基础建设部分是有两个通路去做：第一形成对内的内容来源；第二形成对外的内容来源。

当基础建设部分完成以后、就进入第三步加粉和第四步转化。把粉丝引入到微信号后，就开始进行转化。具体怎么做，后面还会提到，这里就不赘述了。

第一步：微信公众账号内容定位

我们需要定四大块：第一是定客户；第二是定爱好，就是客户喜欢什么东西；第三是定关联，就是客户的喜好、微信的内容跟公司的产品有没有关联；第四才能够定内容，从上往下定的一个过程。在这里给大家一个内容上的配比的建议，比如说一个微信订阅号要发四条内容，这四条内容，应该有四方面的东西。第一方面跟客户群体的喜好有关，譬如说客户都是中年女性，都是属于高端生活比较殷实的中年女性，她们有她们的爱好，她们可能喜欢宠物，她们可能喜欢旅游，她们可能喜欢瑜伽。假如是一个做美容的机构，微信里面每一期应该有那么一条跟产品没有直接关系，但是跟客户的喜好有直接关系的内容，让客户看后觉得舒心。第二条内容要跟产品的软性推广有关，比如说如何去保养肌肤，提供有价值的软性建议，不是单纯宣传产品，这个方面是慢慢让客户接近我们的服务。第三条内容就是我们首推的核心的一些产品的建设，你可以直接产品介绍，可以允许你1/3 内容里边是有产品介绍。第四条内容就是互动活动，不管是什么类型的互动，小互动、大互动、中互动你都可以去做，做互动活动。现在一般营销的插件都会有这种互动功能，类似前面说的投票，还有砸金蛋、集赞等，就是企业要保持在微信里面常有常新的一些小活动，这些活动的礼物、礼品、奖品怎么来呢？可以混搭，例如可以行业之间联合。例如我们有一个做生鲜的网站，说白点就是卖菜的，搞营销活动，就去找到一些做螃蟹的品牌，或者是一些做海鲜的品牌，答应其他品牌在做活动期间联合推广双方的品牌，其他品牌不需要出活动的推广费用（活动费用由网站来出），但是出奖品或礼品，同时其他品牌谁想在这个活动里展示品牌和产品就提供赞助。这样可以降低整体的运营成本，双方之间可以资源整合，做得更好。

所以微信的订阅号的内容里面至少应该有这么个配比：一给他兴趣爱好有关的内容；第二我们的软性服务的内容跟产品或服务相关，但不是推荐产品或服务，而是给客户提供专业的技术服务的这方面的内容；第三是介绍产品或者促销的广告；最后还有一些跟客户互动的活动。基本上是四个方面的内容组织起来，就是一个比较丰满和完整的这么一个微信内容的组成部分。

我们在进行客户分析的时候，可以把客户分为两个纬度，一个纬度是分析客户的特性，第二个纬度是分析客户的爱好。譬如说在整体分析一个高端的客户群体时，我们会将其定位。然后我们可以通过网络上很多客户信息的调查工具，例如财富榜，例如网上的一些客户网民兴趣调研工具，给我们提供参考。通过分析，像金领级别，就会看到有不同的爱好，男性和女性又不一样，男性喜欢高尔夫、游泳、登山、羽毛球和网球，女性喜欢瑜伽、游泳、高尔夫、登山、羽毛球和网球。甚至里面的这些比例哪一个是最重要的，我们都可以得到一些参数。得到这些参数的时候，就可以对应地提供这方面的内容。假如在“旅游”这个项目占的比较大的，那么网站微信的内容方面就会往这个方向靠。所以研究客户的喜好是重点。

金领喜欢的娱乐

旅游依然最受青睐；看书、自驾车、家庭活动受喜爱的程度越来越高。

· 男性金领喜欢的：高尔夫、游泳、登山、羽毛球和网球；

· 女性金领喜欢的：瑜伽、游泳、高尔夫、登山、羽毛球和网球。金领打高尔夫的平均差点为96杆。

排名	娱乐方式	比例
1	旅游	22.8%
2	看书	13.4%
3	品茶	12.6%
4	自驾车	12.3%
5	家庭生活	11.4%
6	SPA	5.8%
7	品酒	3.6%
8	摄影	3.6%
9	养宠物	2.4%
10	钓鱼/骑马	2.4%

定位清楚了之后，订阅号的定位和服务号的定位是有些差异的。前面说到订阅号是一个自媒体，自媒体是以提供内容服务为主的，简而言之，就像一本杂志，因此我们说经营微信的公共账号其实并不容易，需要有专人专岗去做。但是也不像我们想象的那么难，只要企业有一个固定的岗位持之以恒地去做，就能够产生一定的效果。这里要注意，一定要专人专岗去做，请一个有一定的编辑和写作能力的人来持续性地去围绕前面提到的给客户提供那些方面的内容，持之以恒地去做。

当年我自己在做论坛营销的时候，也是请了一个专门的编辑，他的工作是很饱和的，几乎天天在写，天天在给客户原创的内容。目前整个互联网的内容提供领域比较浮躁，很多人都是在转载。我不建议大家这么去做，只有更多的原创、有价值的内容，转载率才会更高。

订阅号主要是分析客户的爱好。而服务号也是需要定位客户，定位的是客户对我们售前、售中、售后服务的需求。有一个客户，他是做一种医疗器械设备的，他跟我反映说："能不能帮我降低服务成本？"我问："怎么了？"他说："我的产品太专业了，所以我几乎每开发一个客户都要派专人用一定时间去到他们公司培训他们怎么使用我这套器材。"我说："你让他们上课。"他说："上课？别人是客户，要千里迢迢来到你这里上课？除非全国设很多的点，否则客户觉得你的服务不够好。所以没有办法，你帮我推的再多，我都忙不过来。"居然前面营销做的好，后面服务跟不上，这是一个很遗憾的事。我说："那你为什么不能够通过一些信息手段来解决这个问题呢？"他说："我还真没考虑过这个问题。"我说："你那些专业的操作，那些专业的产品的应用，大概需要什么样的培训服务？"他说："我们需要手把手地教他用。"我说："手把手地教他用，你能不能通过一个视频来教他用？"他想了一下，说："这个应该可以达到70%的效果。"我说："那你能不能一个视频加上网上的语音指导来跟他沟通、来教他用？"他说："那这样子能解决90%。"我说："那这已经很不错了，是不是？你用一个视频，然后有一个语音的在线支持，能够帮到你的客户解决问题，就可以了。所以你完全可以在你的微信公共账号里提供那么个功能，你的产品上烙上你的二维码，就固定在产品上了。像我们买电脑，电脑都会有一个识别码打在机箱上抹不掉的，永远不会丢。"他说："老师，你又帮我解决了另外一个问题。"我说："解决什么问题？"他说："我们一直很依赖我们的加盟商，因为他们拿走我们的客户资料，我们没有办法了解到，找加盟商要数据，他们有时候很拽，我们没办法。如果按你说的这样操作，无形之中就建立了客户数据库，通过给客户提供服务，客户扫微信公共账号，进来后可以注册一下，享受售后服务，电话号码也拿到了，这个办法好，可以马上采用。”

服务号既给客户提供了服务，又建立了客户的数据库，还能够更多地给客户提供良好的服务。客户不需要跑过来，公司跑过去的服务依然提供，但是由于公司微信号的服务存在，你的服务频次就可以很多了，所以服务号大部分是用来给我们的客户提供售前、售中、售后相关的配套服务的。比如卖楼房，卖楼房有订阅号、有服务号，订阅号用来卖楼，服务号用来交水电费，这都是有用的。

例如我们那个做存储设备的客户，他们的客户群体就是一些网管，我们提供的服务号也和前面讲的一样，所有的服务器设备都有一个保修卡，保修卡交给客户就可以享受保修，我们在服务器上烙二维码，客户要获得保修服务，只要扫描这个二维码就可以进入企业的微信公众账号，享受保修服务。在保修服务过程当中提出你的机器出什么故障，然后发一些照片过来，如果能远程解决的就远程解决；远程解决不了的，客户把机器发回来，公司解决完了以后给客户寄回去；可以自助解决的，在网上提供自助解决的解决方案给客户，哪怕客户半夜 4 点钟发现机器出故障了我们都还有一些服务能够帮助客户，不至于因为员工下班了客户就得不到及时的帮助。这样客户的口碑是不是更好？所以一般我们通过服务号给客户提供相关的服务。这些服务也包含给客户提供耗材的订购，那自然而然就会转换成销售。

在服务号里边需要提到“开发模式”这个东西，服务号的功能是可以跟这个手机网站的功能实现无缝连接。所以如果对客户的这种服务有比较复杂的需求，可以跟企业的网站开发商进行对接。服务上的问题没有什么技术上解决不了的问题，基本上只要我们能想得到就都能做得到。我们有一个客户是照毕业相的，学生毕业了，要照一个毕业照，毕业照通常来讲就是一张照片每人发一张，这种照片是很普通的，现在通过一个服务号研发了一个新的产品，叫多媒体毕业照。什么意思呢？毕业照上面有一个二维码，学生毕业了，过了 20 年之后一扫那个二维码，还能看到当时拍毕业照那个时候的视频录像。这样通过服务号跟产品的嫁接，产品就升级了，就成为一种带有服务性的产品了。而且你会发现在你这里拍毕业照的这些学生，未来出去开公司都可能成为你的客户，这种产品有很强的黏性。因为拍完毕业照以后，人们有可能会把照片丢了，丢了以后想再晒，所有的照片全部有档案，每人发一个钥匙扣，钥匙扣上面写着一个编码，打电话过来通过这个编码可以找到那个底片，如果换成微信公众账号里设立的电子会员卡，客户更加安全，跟我们的黏性更好，还不敢退订。这就是说服务号里面我们得根据他的二次开发功能可以想象出很多能够让我们的产品更具备有价值的一系列的配套服务，值得我们去思考的什么样的服务能够跟我们这样的信息化的功能捆绑在一起？比如说买了我们第一本书，你可以扫描我第一本书的服务号，你可以看到第二本书的1/3，可不可以？像预告片一样，可不可以？也可以，可以进行关联，这一系列我们都是可以用服务号的功能来做的。好了，这是两种公众账号的特点，以及定位流程。

绫致时装用微信打通 O2O 的系统

绫致一年有300多亿销售额，超过一万家的商铺，旗下包括杰克琼斯、SELECTED、ONLY、VERO MODA 四大品牌，可见其在国内商场的地位。

一个消费者进入 ONLY 的店铺里，看中了某款衣服，除了试穿之外，她还可以打开微信，扫描一下衣服吊牌上的二维码，会有相关的搭配服饰出现，每一款衣服大约会有三款推荐搭配（也要参考库存状况）。这就给了顾客更多的体验和选择，若是选中了某款，可以在店里下单，也可以在微信里下单，还可以收藏此款，回家考虑考虑，让家人朋友参考一下再购买。

想现在拿走就在店里下单现在拿走，若是店里无货，就给你快递，完全没问题。至于购买之后（即便不购买）分享到朋友圈、腾讯微博、QQ 空间，那更不在话下了。通过微信发给朋友征集意见，更是手到擒来，都不用拍照。

这种模式就是把有限店做成无限店。传统线下店铺面积有限，可以陈列的货品有限，杰克琼斯有一千多个款式，但是店铺里面顶多也就百十款，通过一个小小的二维码，让消费者链接到线上商城，通过搭配吸引消费者看到更多商品，线上享受线下的流量，线下享受线上的服务，充分释放线下店铺这个活广告带来的客流。

第二步：微信公众账号基础建设

在具体细节操作里面，企业有一些具体的工作要去做。首先，一个微信的公众账号注册下来，我们要有一个最基础的工作，就是要设置基础设置，即功能以及相关导航。我们在做这部分的时候需要注意，微信公众账号的名字越简单、越容易记越好，如牛蛙网 158. com，和牛蛙网的域名是一模一样的，客户记住了域名，也就记住了微信公众账号，但是千万不要把公司 400 电话放到公众微信账号，微信公众账号名字要有一个跟公司品牌名相关的。然后功能要突出卖点，菜单要很明晰。比如说杜蕾斯的微信公众账号，功能介绍写的是“来自腾讯微博认证资料，杜蕾斯，全球安全套第一品牌”，这是它的定位。而“美丽说”这个平台功能介绍讲的是：“国内最大的女性时尚购物分享社区，穿什么，去哪买，如何搭配，美丽说陪你美丽每一天。”讲的是不是卖点？我们的公众账号的卖点说明有两个地方可以放，一个放你的功能介绍里面，还有一个放在你的认证信息里面，这两个可以结合在一起来放。同时需要在欢迎信息里有非常明确的引导和说明。欢迎信息就是客户在加了企业公众微信账号弹出的第一条信息，这个是很重要的。我们来看看牛蛙网的欢迎信息：“你好，欢迎关注牛蛙网，中国首家移动 O2O 网络营销官方平台，每周精选三条最有价值的网络营销资讯”，然后下面是功能导航。这里边就是我们的一个销售转化，点进去以后我们会介绍客户交场地费，就可以听我们价值 9800 元的课，这是第一个。第二个回复宝典，获赠网络营销课程 DVD 光盘一套。点进去以后，会发现只需要留下手机号码和联系方式，并且我们通过电话的沟通，明确客户的确是总裁级，是老板，把名片拍个照给我，我就会寄一套680元的光盘，就这么简单。我寄光盘的目的是什么？你不愿意来听我的课，我走到你面前去教育你，我光盘里面就是一个推广课的内容，完全把我们的推广课以多媒体的形式推出去。比如说卖工业产品的，我们也可以把业务员跟客户要谈的重点拍成一段专业的视频后去跟客户交流，结果是一样的，可以通过这个方法来培训。一进来的时候，第一时间抓潜是最重要的，让客户填个资料，然后寄给他，一套光盘成本也不是很高。从成本来讲就20元钱左右吧，这钱还能赚回来。比如你要对方提供邮寄费，25元钱，其中5元钱是真正的邮寄费，另外20元钱是成本。

同时我们会看到在订阅号里面现在也可以下菜单了。点开以后，这里它就相当于公司的一个网站进行产品介绍。然后会发现如果企业把服务做好了，客户要找你的产品，不需要你的提醒也能寻找到，关键是别人愿意进来看，看多了他自然会去了解你的产品，这是关于微信公众账号的基本设置。还有一个需要提醒的就是微信公众账号的拥有权，要由公司的股东或者是法人代表掌握，这个相当于公司网站的域名，必须是由老板掌握，否则会有风险。

微信公众号实时信息

在微信公众号里是可以接受客户的咨询的，所以在用户的信息管理里面可以设置两种，一种叫自动回复，就是客户在微信号里发的信息可以自动收到回信。自动回复有几个好处，第一能够给客户提供自动化的信息服务，同时也给客户进行自动化的成交动作。除了自动回复之外，我们还可以进行人工回复，目前微信的5.3版本已经开发，当客户在微信公众账号里发信息时，不仅先在后台能够进行管理和分类，还能够绑定到微信的个人账号，以及绑定到你在线的客户软件，方便一对一的服务。并且还是可以分组分类的。假如公司有8个业务员，自动的一对一地分配给他们，不需要企业去给他分配，使得客户资源得到及时有效的维护，这是一个重要的部分。

微信公众号不仅可以实现一对一的这种回答，还可以进行信息分组群发，因此公众微信加完以后要进行整理，整理成五六个组，每个组的内容是不一样的，A 类客户、B 类客户、C 类客户，已经成交客户，现在的客户，完全没有听过我课的或者听过我课的，必须要分类，分类了以后再去发布信息，老客户、新客户不一样，A 类客户、B 类客户都不一样，要分出来。分出来你可以给他群发不同的信息，去服务客户，所以这叫群发。群发和一对一的这种沟通，综合起来就能够实现对于客户立体的帮助以及促销。

素材管理

在群发信息里面，要对群发内容进行编辑，应该注意一些关键点。信息内容也称之为素材，素材管理有三个要点，一是文字方面，标题不能太长，长了也没用，长了只能看那么多，你就等于不完整了。所以标题不能太长，概要也不能太长，正文最好也不要太长，一般来说，标题不超过 14 个字，概要不超过 50 个字，正文内容控制在 300 ～ 500 字，按照内容去定就可以了。二是图片很重要，很多朋友在网上发图片。但是发完以后觉得歪歪扭扭的，甚至脑袋看不见，或者发上去只看到一点，怎么回事？原因是图片规格出问题了，用户的规格只能按照微信的规格来，否则就是不正常显示的。所以图片的规格、尺寸和容量最好是最小。懂技术的知道，同样大一个图片，精度不一样，打开的速度就不一样，最佳的是最小的容量，能够达到最精的效果是最好了。打开速度很重要，很可能客户不愿意等就不看了，也很可能我的产品先呈现出来，客户就购买了。所以这个也是很重要的。DPI 是一个参数，是精度的参数，美工知道怎么处理。你告诉他，所有的图片都必须按 JPG 格式来弄，使用 72 的 DPI 就行了。太低也不行，太低很毛糙，质量不好。72DPI 是我们正常看图片最小容量和最佳的尺寸。

三是群发信息除了可以放图文并茂的东西之外，还可以放语音和视频。目前

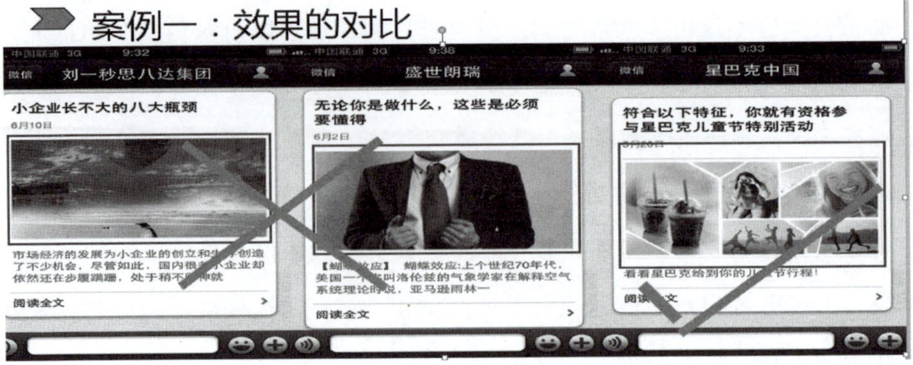

4G 普及率还不够，视频在 WIFI 的环境下还不错，我们可以放适当的视频，但是不建议大面积使用，毕竟它在很多环境下用不了。但是语音基本上没有问题，3G 听语音也很流畅。所以语音的使用效果会非常明显。因为人们收到一个语音信息的时候，特别像是我们跟一个人在私聊，这种感觉会比较好。前面不是说一个礼拜不要发太多的信息给别人吗？但是我们要想保持一个比较好的曝光率，可以发 3 条左右的正式的图文并茂的稿子，同时加两三条语音穿插。语音给客户感觉比较特别，所以基本上可以每天都跟客户接触。有些是语音，有些是图文并茂的信息，效果会更好。语音要注意，先打好草稿，在安静的环境下录制，使用专业的电脑录音软件（微信效果不好），时间长度最佳在 60 秒～ 120 秒。

史永翔老师的微信公众账号做得不错，每天都给我发一段 1 分钟的语音，我大概只会听他 1/3 的内容，但是 1/3 的内容足以影响我了。他是怎么操作的呢？一点开语音信息以后："你好，今天我们来讨论一下关于领导管理里面员工情绪的调整问题。很多老板认为员工情绪的调整来自员工的内因。但实质上，我认为跟公司的整体环境和文化有很大的关联性，甚至我认为一个公司如果是员工的心态不好，最大的问题是公司的企业文化所导致的。"在听过后我会觉得有一定的道理，"今天我们可以来共同探讨一下关于我们说的这个员工沟通的问题，您可以回复告诉两个字，然后我们来看一下关于员工沟通的内容。"好，这个时候我就开始回复了，你看这个时候给我回了一个“告诉”，这是指跟客户怎么去沟通的方法。他就再给我回一个信息过来，这有点像许可营销，你同意要看我内容了我才给你看，我并没有骚扰你，所以只是小小一段的语音，又不占位置。你听完以后有兴趣再互动一下。不要看那个小小的互动，大家有没有听过催眠式营销？催眠式营销之所以能够催眠客户，根本就是以整个营销过程去跟客户互通的方式在做的，所以这就是营销过程中要学会以合理的语序跟客户沟通。

用词也很重要，用“你好”还是用“你们好”？一定用“你”，不要用“你们”。为什么呢？这是一种平等的一对一沟通，关注杜蕾斯的微信公众账号后，第一条提示就立即跟你进行一对一沟通，邀请你互动：“想了解杜杜更多的秘密吗？请回复1”。我老老实实回了个1。回了以后又显示：“亲，你是不是想看杜杜之前的每周回答集锦了？……”它在跟你对话，它在跟你下指令，你就会不由自主地去跟他进行互动。所以我们应该采用一对一的沟通模式，更有利于产生共鸣的效果。这是我们说的公众微信账号里面关于这些素材准备规则上的东西，还没有涉及内容、规则上的东西。

那么内容上的定位，我们需要这样来考虑。第一，我们要研究用户的喜好，分组推针对性的内容。要把客户分组了，这些组被教育过的，没有教育过的，内容是不一样的。已经买过产品的，没买过产品的要分组来推。推完以后，分析往来数据。这时会发现推这一组信息过去，客户的回复有好有不好。第二，找到热点以及客户敏感的关键点，强化和优化我们内容，直到达到最佳的影响力。所以推送之后，分析是很重要的，作为营销，切忌盲目发方案而不作分析，没有针对性。第三，你可以通过互动调查活动来找到客户的兴趣点。比如说作一个调查，调查大家喜欢吃什么菜，这种调查是可以的。如果是生鲜网站，我调查完了就可以推出这种菜。调查客户在使用产品中遇到的最大的三个问题，企业就知道产品的缺陷在哪里，需要强化哪个部分，知道接下来需要从哪个地方去做服务和针对性地提供一些内容。第四，要分析客户的朋友圈以及微博，锁定客户的爱好消费习惯。这个可以作抽样调查，从1000个客户里面抽100个出来，逐个地找调查专员去调查，看客户在玩什么东西，看什么东西。然后我们可以总结出客户的特点和爱好，然后再去锁定他的消费。

有了上述内容方向之后，我们在内容形式上应该达到以下的五个部分：第一标题有特色；第二要有很强的互动性；第三要引发客户的好奇心；第四要创造感性的共鸣；第五要分享关注。

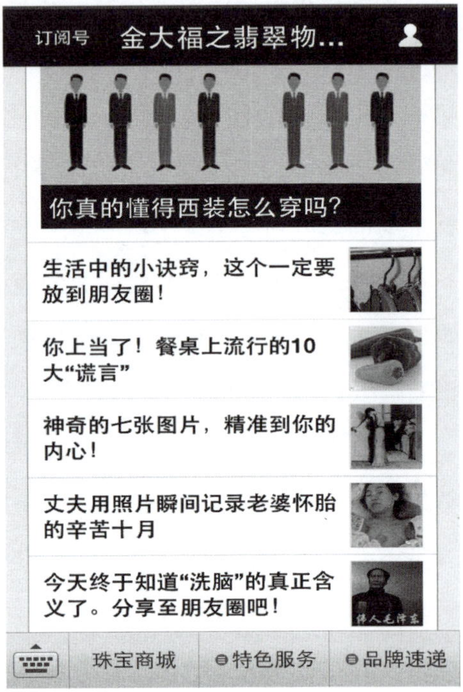

第一标题要有特色。这是金大福的翡翠物语公众账号其中一期的内容。这一期的内容你看完以后对这个标题感觉有没有兴趣？“生活中的小诀窍，这个一定要放到朋友圈!”想不想看一下他为什么这么自信？有时候信息是会传递的。举例子，我说你接下来不听你就后悔一辈子，你会不会想听一下？这种叫指示式的引导。人们总是希望别人给他拿一个主意，在潜意识里是这样的。所以你给他拿了主意，他往往就会比较容易去跟随。大部分的人是容易被影响的，否则这个世界上不可能出现“领袖”两个字，所以这种指示类的标题是可以的。另外“你上当了！餐桌上流行的10大谎言”，如果把“你上当了”这几个字不要了，剩下“餐桌上流行的10大谎言”，点击率会小好多，这是一个典型的跟你沟通的模式。“神奇的七张图片，精准到你的内心”，“丈夫用照片瞬间记录老婆怀胎的辛苦十月”，这叫分享。好奇心，是不是？每一个标题都让人想看一下内文，这里边就是一种心理技巧，“你真的懂得西装怎么穿吗?”大家看过这个标题是不是明白了？它最突出的一个特点就是沟通语气。所以说微信营销里边的标题最突出的特点应该是沟通式的标题。

第二要有很强的互动性，我们来看这个标题，这是“美丽说”的微信公众号，“粉红色——把减龄进行到底”。这件衣服的客户群体是什么样的一群人?一看就知道肯定不是小年轻，是属于年龄30岁以上了。所以它写得很直接，把减龄进行到底。这是属于一种跟他的客户群体定位很一致的沟通。

第三要引发客户的好奇心。这个叫做“给产品内容蒙上一层纱”。人们都是有很强好奇心的，说得越不明白越想了解一下。这里写的是“微信首场秒杀，神秘单品29包邮”，就是不说是什么东西，如果换成这句话“微信首场秒杀，米兔T恤29包邮”，明显就没有那么好的效果了。神秘单品，其实就是米兔T恤，但是说明白了，点击率肯定会下降很多，因为没有神秘感。所以企业在做促销或者做什么都好，都要拉动客户的好奇心，比如标榜什么样的衣服让胖子穿得苗条——天哪，这件衣服让我看起来好像瘦了10斤，他会觉得是什么东西有这个效果呢？这就吸引客户关注。

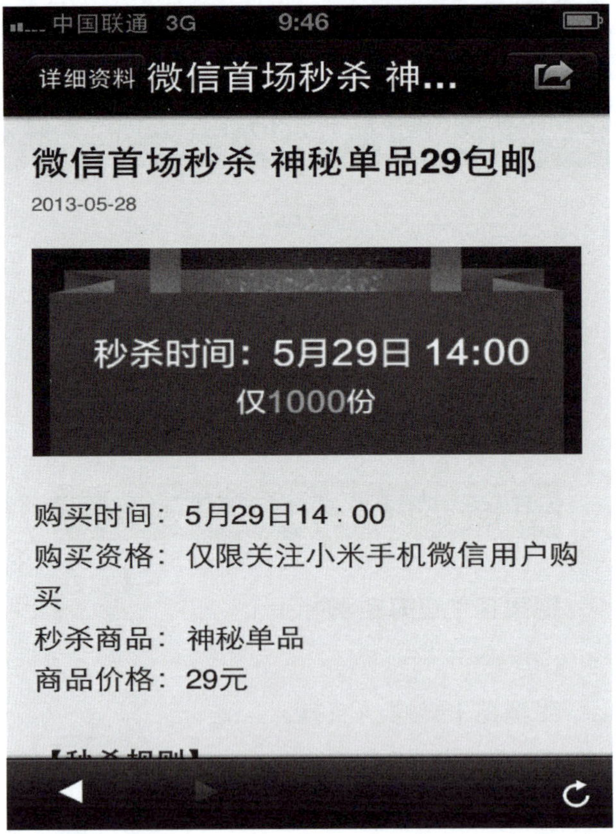

第四要创造感性的共鸣。参与性的标题也比较容易引起共鸣，“寂寞你就‘摇一摇’”，这个是1号店的微信号。“寂寞你就‘摇一摇’，放开妹子和正太，有什么就冲 1 哥来吧”，这样的标题。看完以后会不会有想去了解一下是怎么回事的冲动？“摇一摇”是一个活动。留感想，号召别人去留感想，得礼物，这是一种互动性的。

第五要分享关注。这些内容和标题都是属于比较能够引发流量的。众所周知，订阅号的阅读率不是很大，只是标题党，就看谁的标题吸引客户，所以要做微营销，要做订阅号，首先经营好标题再说，否则没有机会。

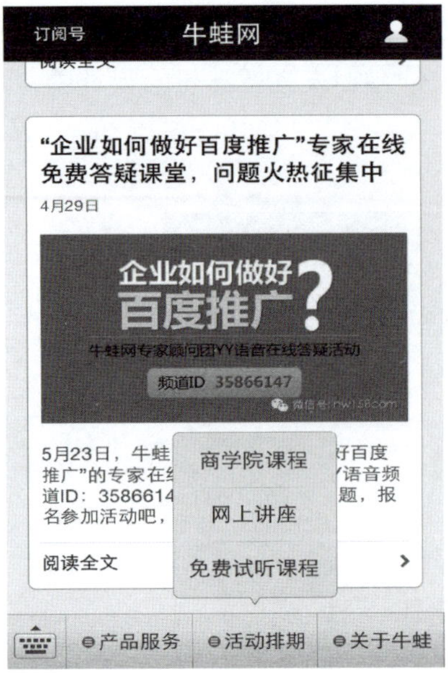

1.如何找到适合自己的网络营销商业模式

2.提升网站成交率3倍以上的5大秘诀（国家专利）

这是牛蛙网在微信公众账号上做的一些活动。进到牛蛙网的微信公众账号里，有一个免费试听课程，里面放了很多关于讲网络营销的观念的一些视频。这些视频的作用是客户进入微信平台后进行分流。进入微信平台的客户有几种人。一种人会索取光盘，牛蛙网只允许老板索取。但是有些不是老板的客户不爽，认为瞧不起他，不让他看，这时就可以让这类客户看在线视频。但不是老板不一定就不是客户，因为他可以影响老板，如果他的转换率没那么高，牛蛙网的成本会比较高。所以要给不同人以

不同的解决方案，因此，印象特别强的、可以花 980 元来听课的客户是甲级客户。那些不愿意来听课的老板，让他看光盘，是 B 类客户。那些不是老板的，又有兴趣的客户，他会影响他老板的，就给他在线的视频。在线视频可以直接转发给老板，对公司来说没有成本。

因此，企业可以利用这样的方式，首先思考清楚，进行分组，针对不同的人给不同的微信服务，达到统一的目的，找到企业的项目。所有的微信公众账号内容都必须号召客户订阅。有人说我有了公众账号的内容，干吗我还要号召别人去订阅，客户只有订阅了才看到我的内容吗？这不一定，潜在客户很有可能是他的朋友看到了我们的内容分享，但他还没有订阅，所以需要在所有的微信公众账号上面有明确的号召，让大家去订阅，这样才能够让传播来得更加快和及时。凡是懂得这样去做的微信公众账号，在信息中都有非常明确的指示，还有非常明确的引导，即微信写明卖点，告诉客户在微信输入什么内容，都会说得很清楚。

订阅号信息发送频次，每周大概是两到三天，不要太密集。中间可以穿插一些语音的信息，加起来就可以发五篇左右。发送的时间为：晚上、中午、早上，这三个时间大家一看就很明白了。为什么是这个时候发？因为这个时候客户打开微信的几率是最大的。订阅号信息也不要太早发送，太早发送就容易被其他订阅号信息压下去了；也不能太晚发，太晚发的时候客户已经不看了。同时一定要派专人去做编辑，前面已经强调过了，因为内容为王，没有好的内容，没有专门的负责人，是不可能把微信的内容做好的。

第三步：微信公众号加粉

上面是关于内容准备，所有的内容准备好了，就到了第三个环节：加粉的环节。怎么样才能让企业的微信公众账号的粉丝有比较大的量产生？我们有八种途径：微信、QQ、微博、短信、朋友圈、网站、社区、地面。这八种途径大家都很清楚，在这里简单把观念技巧明确一下就可以了。

第一，微信加微信，很显然，我们微信个人账号是可以加公众账号的，订阅号也可以加服务号，服务号反过来也可以加订阅号。具体怎么做？个人号加公众号的方法非常简单，由公众号提供有价值可转载的信息，要求公司所有的员工都转发到他的朋友圈和分享到他的客户群，因此个人账号加公众账号，需要有一个强有力的有价值的分享的内容媒介，这个媒介本身就会号召客户去加。同时如果业务员觉得客户很重要，还可以一对一地要他去加。订阅号如何去加服务号呢？很简单，可以通过服务号做一次活动，比如说一个选美活动，是要通过服务号那些部门来实现的，在订阅号里发布这个活动通知，某月某日在线给大家作一次问题解答，问题解答需要进入微信的服务号里去，麻烦你扫描一下就可以进去了。为什么要进服务号呢？先有订阅号进服务号干吗？请注意，服务号和订阅号在跟客户传导信息的方式是不一样的。服务号一个月可以有四次一层级的信息的群发，一层级就相当于和一个人对话的效果，因此服务号群发的信息打开率会很高，直接去到了用户的最顶层宣传，但是一个月只能有四个群发信息，所以这四颗“子弹”一定要用好。最有价值的原创文章在公众号的宣传策略里一定是放在服务号群发的。订阅号是日常的信息，密度大，需要斗标题，抢资源。我们最理想的情况就是一个客户加三个号，有一个是业务员天天跟他唠叨，跟他建立感情，一个是订阅号，给他提供价值服务；一个是服务号，关键时刻能够号召他来参加企业的团购或活动。订阅号和服务号的分工一定要懂得穿插，服务号发出四条信息后要引人去到订阅号。比如客户在买服务器的时候，扫了二维码，进入服务号，同时告诉客户想得到关于如何管好客户公司网络的不停的资讯的支持，还需要扫一下订阅号，倒过来要倒回去，倒过来倒过去把它倒成一个系统。最好是你的服务号里面有，订阅号里面也有，因此微信这个账号之间的相互推送和规划是需要在内容准备的时候注意的。

第二，QQ。QQ 怎么加微信公众账号？一样的道理，就发二维码，发一些号召信息，在 QQ 的微博圈子、QQ 相册都可以传播。

第三，微博。微博也是一样，全部用一个二维码来衔接，都是采用跟微信个人号一样的方式，由公众号发出一个信息，然后分享出去的模式就可以了。

第四，短信。短信也是可以的，短信的打开率比微信还要高，短信里面能够容纳链接，还可以发微信公众账号的那个账号，这些都能够让短信把客户引入到这个公众账号里。除了我们给客户主动发短信，专门为这个事情号召之外，平时在我们所有的跟客户的短信往来的过程中，我们都可以去跟我们的微信号进行关联。宣传品、电视购物、短信对于客户的影响都是属于有时效性的短时间的，我们都需要想办法把它转到长期可以影响客户的微信的公众账号里边来，以下这里有三种方法。

1. 发货短信推荐

我们在给客户寄出产品的时候，快递公司会免费发条短信通知客户，发货短信在保留快递公司、快递单号等重要信息以外，其他的规定字数都可以拿出来做微信号推荐。比如，您在XX家购买的宝贝已发货，XX快递，单号：123456789。加微信：XXXX，发暗号“礼物”有惊喜哦！

2. 营销短信推荐

现在不少商家将店内秒杀活动的公布渠道放到微信，通过短信通知老客户秒杀活动，并说明活动只在微信通知，对老客户有极大的触动。

3. 群发短信以短网址的形式引导粉丝关注微信

群发短信由于字数限制，内容不够丰富，客户在短信里面放置短链接，引导粉丝跳转到一个WAP地址，再改页面以图文并茂的形式引导粉丝关注微信。

第五，朋友圈。线上线下的朋友圈，给朋友发名片的时候，向朋友展示我们网站的时候，都可以让他加到我们的公众账号里。

第六，网站。网站加公众账号也是一样的道理。

如牛蛙网有在线试听，一点以后就会出来上图所示的图案。想在线试听视频吗？只需要扫二维码，手机就可以看到，其实网站所有的有吸引力的内容都可以

转到微信，无非就设个门槛，比如看视频扫一下就会有很多人愿意转过去。只要内容有吸引力就对了。网站所有的地方我们都需要加上这些入口。

第七，社区。社区指的是什么？论坛、QQ，都是属于社区，都能把它转过来。

第八，地面。名片、宣传折页，在这里告诉大家，还有一个家伙很厉害的，就是二维码。电视购物上边可不可以扫过来？做电视购物时也可以发一个二维码。但是注意，做电视购物的时候，有一种人是这么做的，在电视角落下面搞一个小小的二维码，那个效果一点都不好。要怎么做？大张旗鼓地做，讲到一半的时候停下来，大概是10秒钟，要观众去扫，正式的把它搬出来。地面所有的展台、展会各种东西我们都可以跟二维码关联上。

除此之外，在包裹上，在宣传期刊上我们都可以印上二维码去宣传我们的这个微信公众账号，可以采用以下方法。

1. 包裹二维码不干胶。可张贴的位置有：a. 快递袋外部；b. 商品的外包装。

2. 二维码印制。商品吊牌、商品说明书，在设计时，可为微信二维码留出推广位。

3. 包裹小卡片、售后卡放置微信二维码。设计一张小卡片，随包裹发放，引导客户。

4. 品牌宣传期刊。如有通过包裹向客户附赠品牌期刊的，可利用封面、封二等黄金位置引导粉丝关注微信。

5. 包裹公开信推荐。以公开信的形式进行品牌沟通，文尾就可以推荐微信二维码。

以下是我认为在地面推的微营销里面做得很好的一个案例，大家可以借鉴。从设计上碎片化表达，然后每一个点都能独立去吸引客户，这个是值得学习的。这是如家酒店的一个广告，注意，当看到这个二维码广告以后，能不能感觉到扫微信的价值？因此做这种终端展示的时候，这是挺好的一个方式。我们看到很多的地面终端的二维码营销长篇大论，来个200字让你看，而且还要放大镜看，也有大标题，但大标题往往是语焉不详，什么“加微信立刻获得惊奇大礼”，那有用吗？这个就非常的具体，“同房不同价，APP预订，折后再减，发现少5元吗”，很直接。“APP预订更有三倍积分”，这个文案的白、绿、白节奏，把信息砍得很碎，符合人们接受信息碎片化的节奏。不管客户怎么看，或接收到“同房不同价，发现少5元吗?”或接收到“APP预订更有3倍积分”都没关系，客户只要接收到一个点就会被打动。

前面是关于微信公众账号基础设置的一些要求和关键点，以及内容布局、内容编辑的一些关键点，还有如何加粉丝的一些方法。加粉丝的方法跟我们重点关注的投放“鱼饵”信息有很大关系。

大C甜品的微信营销的实施

大C甜品制定的策略是“广撒网，多连接”。

1. 尽可能多的找到湖州微博和微信上的大号，与它们形成互动，共同推荐大C甜品。

2. 微博和朋友圈形成晒单习惯，找到20个平时经常在微博和朋友圈晒美食的顾客，有他们拍照体验分享微博和朋友圈，养成晒单习惯，形成口碑效应。

3. 完善自己的会员管理体系，将宣传推广而吸引来的顾客牢牢积累起来。

制定了思路之后，就是按部就班实施，我们先后与当地的电影院、格瓦拉、美团、论坛等微博账号，以及当地其他利用微博做生意的实体业主，甚至KTV、咖啡吧等，把湖州地界上能找到的微博大号（有1000个真实粉丝的都算是大号了）都建立了联系，并且找时间进行了面谈：完成一次合作，大C赠送对方几款蛋糕作为福利奖励。这种微博活动一举三得，大C有更多的宣传，商家有活动福利奖品，幸运用户得到奖励。设计的活动其实很简单，就是微博转发@三个好友然后抽奖。因为我们找的每一个微博账号平日里都有很多运营和管理，有很强的用户黏性和互动性，所以发起转发抽奖活动效果都很不错，转发量全部突破100，共有10多个号参与了这次活动，送出蛋糕总价值2000多元，实际成本并没有这么多，这个你懂的。

微博的活动何时开始我们没有做硬性要求，只要是在5月31日之前即可，所以10多个微博大号是此起彼伏的开始活动，每条微博都要求关注大C微信号的提示。微博活动一开始，微信后台就络绎不绝的有粉丝关注，在转发的那段时间里关注度噌噌往上涨，不到5月底后台粉丝数量就突破了3000人。

有了微博宣传和抽奖送出的20多个蛋糕，加上原本活跃度很高的10个顾客，赠送给他们蛋糕的时候请他们帮忙宣传一下，口号为“终于吃到了传说中的大C蛋糕，果然是甜而不腻，喜欢”，以此为内容蓝本，加上用户自己拍的照片，然后在微博和朋友圈中各种晒单。这些免费蛋糕不是白送的，换回的都是口碑素材啊，收集回来后，在微信公众号的内容推送中每天都晒出几张顾客点评，促进让关注微信号的用户知道，口碑不错，值得尝试。有了羊群效应，就形成了跟风购买，从关注度转换到了订单上。

有了订单，我们再继续设计会员体系，订购有积分累加，可参与会员折扣，有大转盘抽奖等等会员管理工具的使用，让关注用户很快成为了消费顾客，让订单有了稳定的产生。其中晒单过程一定要每天都坚持发，有新顾客晒单看到后就截图，然后转发出去，以此形成一个源源不断的晒单热潮，如同雪球效应一般越滚越大。

回顾一下，我们讲到了微信的个人账号、微信的订阅号和服务号，这三者的关系和分工是什么？个人号是用来跟客户进行一对一的销售沟通的，和客户一对一的服务的，相当于是一个个体的业务员和客服人员，所以用微信个人账号就相当于用QQ去拉业务，个人号去拉业务和服务客户。业务员跟客户交流，他有哪些关键点需要去把握？首先这个业务员自身的素质要好，要注重个人形象包装，要让客户很有信赖感，这是第一步。

第二步，业务员一定要了解客户，待人热情，经常跟客户进行互动，这是个人微信账号需要做的动作。微信公众账号有订阅号和服务号这两个部分，订阅号的作用就是相当于公司发行的一本杂志给客户看。放的内容就是客户所关心的，杂志给客户看的目的，是要客户通过看杂志对公司、对公司产品和服务产生认同、产生转换，因此杂志本身要提供有价值的内容。所以订阅号里面要放四个内容：第一个是客户爱好的内容；第二个是跟产品提供给客户的价值的服务内容；第三个是关于产品的广告；第四个由于是互动媒体，必须有互动的活动来支撑，所以根据你的客户群体，订阅号需要规划一下到底放什么内容，组织类似的活动。

服务号就是客户的会员服务中心，负责的是客户的售前、售中和售后服务，可以承载在线的问题解答，客户可以在微信公众服务号上得到售前、售中、售后服务的一些常见问题的解答，提供客户售后服务的支持，支持可以包括是产品维护的支持，可以是使用的培训。还有可以通过服务号跟网站的微商城结成销售一体化的系统，因为服务号有很强大的二次开发功能。

这是三个微信终端的定位，需要联合作战，由服务号给客户提供服务，由订阅号去影响传播公司和产品理念、塑造产品价值，由个人账号去完成客户的精细化服务和产品促销临门一脚的动作，结成综合性的成交体系去成交客户。

（3）如何将微信公众号粉丝转化为客户

很多人一直在说，我的粉丝怎么才能变成客户？他是由于之前一直在盯着微信，试图通过微信订阅号发几篇文章，让客户由一个浏览者变成客户。这是不科学的，必须要三个纬度同时发力，客户才会购买，用服务号自动应答来解决客户的问题。用订阅号来教育客户，来影响客户对企业的信赖感和价值，教育完了以后，你不知道客户什么时候需要产品、需要动态，要了解客户的心理，与客户有进一步的关联，就需要有个人账号去随时跟客户进行连接，客户需要买的时候有人对他服务。所以三位一体做到位，转化率是自然而然的，这是微信三种账号的大框架。

如何把粉丝转为客户的六个途径。第一个途径最直接，叫促销广告，企业可以通过个人账号、订阅号以及服务号直接发送促销广告，如“双十一”打折，国庆节大促销，大放血，跳楼价，打折团购双倍积分等都可以在这三个平台同时推。只有三个平台同时推，客户有很多疑问的时候，他可以得到个人的业务员及时的处理，也可以得到服务号的处理，他对产品的价值想了解的时候有订阅号准备一个非常完美的多媒体的信息给他了解。

第二，体验活动。有一些产品有很强的体验感的，我们就可以通过体验活动来建立客户对产品的兴趣和信心。有一个叫“艾思伦思”的美容品牌，请我担任咨询顾问。我说：“你们有什么产品能够让客户的体验度很好呢?”他说：“老师，来，我给你一个东西。听说你想减肥？你想减哪里?”我说：“我的脸，我下巴这里太胖了，能不能减?”他说：“可以。”说完后就拿那个产品在我这半边脸上擦。擦完以后，他说你再等一会，我们继续聊。聊了半小时，他说：“老师，你去照镜子。”“我的脸怎么歪了？我这边怎么样？瘦下去了，这边还是胖的。”我说还真能减啊，这么快，我想肯定是有什么东西把这半边脸收缩了，反正我明显的体验出来了。

体验有两种，一种是效果体验，一种叫感觉体验。什么叫效果体验？什么叫感觉体验？减肥，就是效果体验。还有一种是感觉体验了，给你这个东西，你去涂吧，涂完以后你会感觉肚子上脂肪在燃烧，为什么？感觉好热，好热是怎么回事？脂肪在燃烧。能够体验的东西，当客户有体验感觉了，就会有进一步体验的需求，所以体验装可以不收客户的钱，但是不能说没有任何要求，因为没有任何要求的体验不会被重视，怎么要求？体验报告，才免费给客户。为什么呢？比如让客户先买一支体验装，20 元钱，客户写完体验报告发给公司，这 20 元钱就转到了客户在公司网站的网银里，客户可以往后买东西，门槛很低的一个要求。所以给客户提要求，写体验报告，这个体验报告本身就是公司产品的一个见证。体验活动对企业的要求是用来给客户体验的产品必须要有明显的效果，或者明显的感受，这个很重要。

第三，用新奇特产品来拉动普通产品的销售。在网上企业想把产品卖给客户，会发现全世界好多跟自己一样的产品，而且还没有任何的价格优势，也没有什么特殊的功能。但是因为是企业生产的，能赚钱，这时完全可以去寻找一些市场上畅销的产品，但是不要用它来赚钱，而是用它来吸引客户，因为这些产品可以引流客户进入企业的销售体系，客户购买了产品以后会产生购买体验和产品体验，客户在这个平台买了价廉物美、效果非常好的东西，其他普通的产品也会认为有同等的品质，所以企业可以在网络上整合很多热销的产品，当然必须跟自己的产品有一定的关联性，不要牛头不对马嘴。客户选择一个产品无非基于两个因素，第一是品牌，第二是产品本身。比如 LV 的包为什么卖那么多钱？你不用跟他解释 LV 的包里面有三重拉链、三个夹层、用高级的布料，完全不用解释，他就要 LV 的包，哪怕是塑料的。其实本来就是塑料的，里面就是 2 寸布你也得买，客户是冲着品牌去的，也是冲着功能去的，你可以没有品牌，但是有别的品牌所没有的功能客户也会选择你，所以这两种产品选择都可以成为你的产品销售的拉动。

有一个朋友，他专门做截流销售，截什么流呢？他看电视购物中什么样东西卖得火，但在网上没人销售，他就一定想方设法去找到那个电视购物的供应商，说我来帮你在网上卖，网上卖，就是线上卖，跟你在电视上卖价格不会有很大的冲突，我帮你卖，而且我不要你给批发价，因为电视购物本来就是直销，没有什么利润的，没什么利润也没关系，帮你卖，广告费我出。他为的是什么呢？他为的是把电视购物的客户引到网购，客户网购先买了他的产品，他就建立了客户数据库，然后他一定会选择那些把电视购物的产品变成前端产品跟后端产品拉动的那种来合作，就比如一个是做装修设计的，一个是卖地板砖的，他一定会想办法绑在一起，目的就是为了借别人的产品，要么就是具备有新奇特的特点，要么就是具备品牌的特点，来拉动自己产品的销售。

第四，用服务带动销售。这代表了我们需要在微信里面卖一种类似于顾问或者会议销售服务，把客户拉到地面上来成交，比如说美容院团购美容券，就是一个会议销售。比如在网上卖电商课程。我只要求广告费跟我课程 980 元卖出的钱持平，课程本身根本就不赚，略亏也没问题。因为客户来到现场，我可以成交后面的产品，所以企业要把地面的顾问销售和会议销售做成一个超值的产品，通过微信把它推出去。

有一个做润滑油的老板，他的客户是那些汽配维修店，汽配维修店同质化竞争很严重，店越来越多，所以目前店面经营很严峻，为了把货铺下去，老板做了一个会议销售，做了一个培训，因为他在这个行业里面已经打拼很多年，对于这种店面有很多的经验分享。他告诉汽配维修店，在如此严峻的店面竞争之下，通过化整为零的方式，通过店面的产品选型，让这些店能够产生新的机会，但实际上这次培训会就是他卖润滑油的一个招商会。

第五，个人服务账号带动销售。这个很重要，就是粉丝群里面那么多人，每一个账号都分配到业务员，由业务员进行一对一服务，通过整体配合产生良好效果。

比如，某美容院做的老客户选秀活动，美容院的甲级客户都动员朋友过来投票，投票以后我们会给投票者一个礼物，让他的朋友来到店里做体验。我们抓的速度很快，一个礼拜我们就“抓”了1万多个参加投票的客户，可以来领面膜以及体验券去店里消费。但是结果领完以后到店里的人前期不是很理想，后来我们发现一个大的问题，就是免费礼品发出去以后没有跟进。我就跟杨总说，你下面那些美容师对客户很了解，现在我们把所有的网上抓潜的客户（有手机号码和区域）全部按区域分配给美容师，通过手机号码加微信，用微信跟他们联系，如提醒客户进店领礼品及体验服务。通过这样的一个分配再拉动，进店率得到了快速提升。

第六，用活动引发快乐的转介绍。所有基于微信的营销活动必须是有趣的，给利益的、刚性的转介绍在今天的高端客户群体是没有任何效果的。除非是屌丝级别的才会有效果。就企业的客户如果是中高档，你想用利益去引诱他转介绍很难的，他不在乎这个事，他在乎的是面子问题。所以你必须要引发快乐，你不能只是给他利益，比如你不管是选秀、集赞、测缘分等，都能够引发快乐，客户不仅仅是得到小礼品，他有成就感，才能够把他转换得更好。

比如，一个O2P的选秀活动。原理也是一样，用投票的模式去放“鱼饵”，

通过微信、短信、业务员综合性地去引导客户进店，进店以后又有一个过滤的规则。什么叫过滤的规则？客户来了以后，有很多做团购的，团购来的客户精准度不是很高，甚至是非常的不高，大部分是想占便宜的人，来了以后吃一餐就再也不来了，会去找下一个团购。而有一些客户，你开展团购他不来，但是可能有30%的是团购了之后还会留下来的，这些人我们就要分开对待。所以在这些操作中一定要设几层过滤，让那些真正是客户的人来享受企业的终极转化服务，因为店面人员是有限的，是你对100个人，每个人服务2分钟效果好呢还是你对这100个人里面的10个客户每个人服务20分钟效果好呢？肯定是20分钟好。

过滤以后会发现沟通的认同度会比没有过滤过的要高很多，这样子要寻找相互信任的合作伙伴，成功率才是最高的。所以我们在做任何的促销活动中一定要把客户分类，通过流程来分类，分类之后再集中优势营销才能有更好的效果。

总而言之，把粉丝转化为客户，需要经过这几个部分，先是抓潜，然后中间放一个叫“引导式”的产品来进行精细化的处理，中间有过滤的环节，最后通过终极的聚焦性的促销进行转化。

一个餐馆老板的O2O转型路：我是如何经营10万微信会员的

目前移动网民人数已达到8亿，首次超过宽带网民，越来越多的“低头族”、“手机控”把消费方式和注意力逐渐转向了移动端，餐饮业的老板们也开始琢磨着如何利用移动互联网的平台和顾客形成互动以提升业绩。

广州食尚国味集团利用微生活会员卡3个月时间帮一个白酒供应商卖掉了近60箱，而如果用传统销售方式，6个月的时间也就只能卖16箱左右。

“我们有很多白酒供应商，其中有一个是从山东过来的，他的酒口感各方面还真的不错，他一直想进入广州市场，他前期用传统的营销法也投了不少钱，但是效果一直不好，差不多半年的时间也就卖十五六箱酒，以至于他都想放弃这个市场。”

“后来我通过微生活会员卡的筛选器系统，把半年之内单笔消费在1500元之上的这批人筛选出来，给这些人单独做了一次营销活动，给他们推送了一次消息，内容就是‘尊敬的VIP客户，鉴于您半年内对我们企业的大力支持，食尚为了回馈您的支持力度，您下次来消费的时候，我免费赠送您一瓶白酒’”。

“大家知道，真正单桌吃饭消费1500元以上的时候，喝白酒怎么可能只喝一瓶呢？那是不可能的。我当时从数据库筛选出来差不多有2.7万客户半年之内在我们单笔消费超过1500元的，每个用户我收他1元钱，如果销量上不去就免费。结果3个月时间他卖了将近60箱，就是因为我做了一次这种营销活动。当天他立刻把2.7万块钱全部打到我们的公司账户。”

该字母对微生活会员卡的定义是，它不完全是一个营销工具，而是一定要通过这个平台注重企业自己的服务精品化路线。如果你把它只是定义为发广告，定义就太低级了。它必须是一个时代的变革，它是结合很多新鲜的东西在里面，所以它是一种沟通方式，一种工作的方式，一种服务方式，像我们集团现在 90% 的网络营销活动全部是依托与微生活平台来做，因为它有筛选器功能，能精确地针对这部分人群作相应活动。

（4）微信公众账号营销综合应用案例

接下来我们分析一个综合性的案例，这个案例非常具有代表性，可以让读者综合性地学习一下如何让订阅号和服务号融入地面整体的营销系统里。

这是房地产行业的一个微信公众账号的营销全案。从客户定位到市场调研，到账号内容设置，到账号的衍变，到最后提供系统的转换，是一个非常完整的过程。

微信卖楼盘，这不是什么新鲜玩意儿了，房地产业的营销也不是什么新鲜玩意儿了。我们来看一下，这家公司需要在网上卖出一个楼盘，卖楼盘之前首先做的是调研行业内有哪些甲方、哪些开发商在通过微信卖楼盘，分析别人做这件事情的好的方法以及短板，针对性地去开发微营销系统。

第一步在微信上搜索关键词“地产”。通过这个关键词可以找到很多关于地产项目的微营销案例，找到类似的案例。第一个案例叫做莱蒙水榭湾，这个案例是一个基础的微营销订阅号，提供的是一些基础信息，包含周边环境的介绍、项目特色、最新资讯，还介绍户型、交通路线、互动活动、品牌传奇、联系方式。这些都是属于楼盘购买之前的关注点，因此在微信里边提供了自动回复功能来分项解决了客户在购买楼盘，对这个楼盘了解的内容，这是第一个案例。

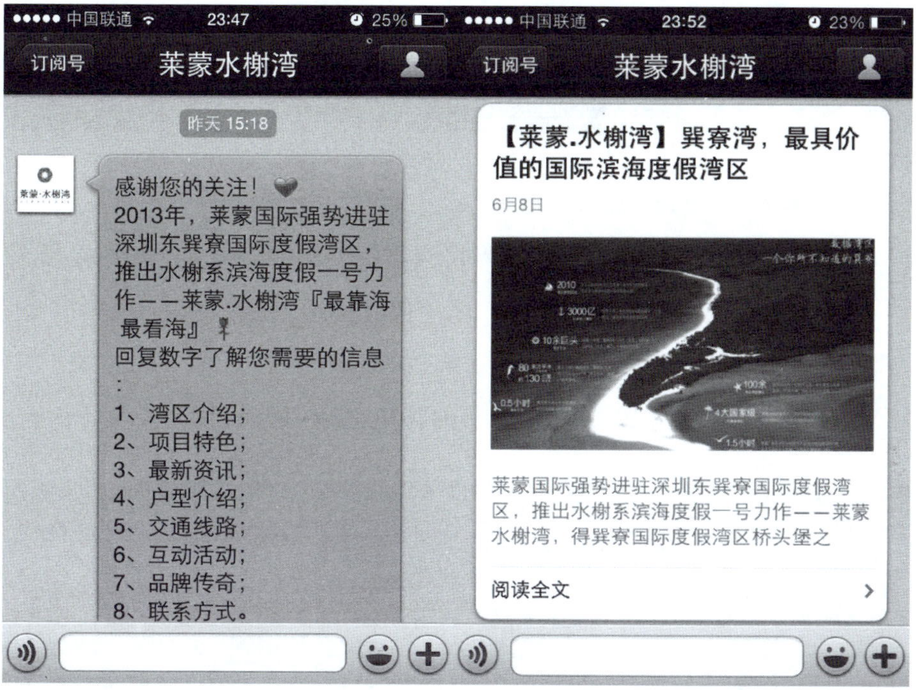

第二个案例叫金地名峰。在金地名峰的微信里，我们会看到比前一个案例增加了固定板块，不仅是介绍了产品，还提供了产品的户型图，这个户型图是可以互动的，可以拖来拖去。同时还提供了电子会员卡，也就是说会员在看楼方面有诸多服务，比如说预约看楼、专人接待、专车接送都可以，还可以享受相关的优惠折扣。

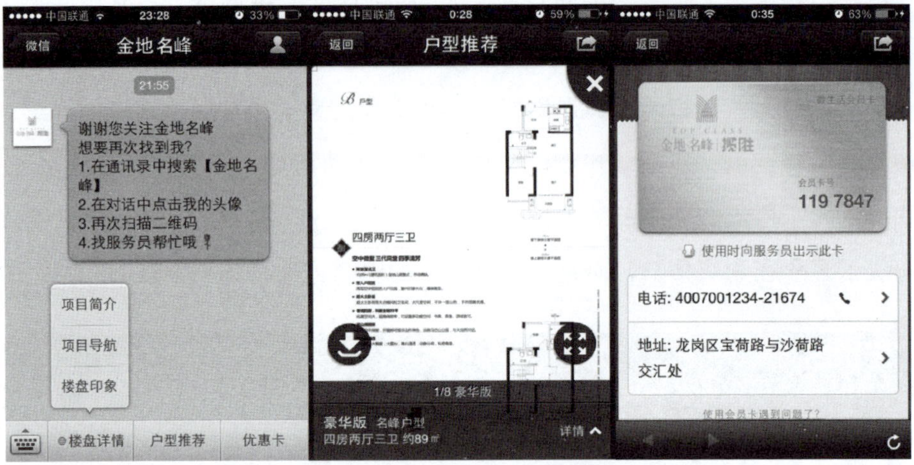

第三个案例叫龙湖湘风原著，这个案例不仅提供了前面两家有的东西，还提供了一个叫三维数字样板房，可以看到房间里的装修和格局。同时还提供了解、预约、成交和服务的一条龙配套服务，属于售前服务。另外还有一个很重要的导航功能，比如客户想去看楼，客户在朝阳区，楼盘在海淀区，一点导航就告诉客户怎么开车去楼盘那个位置，是一个很好的导购服务。

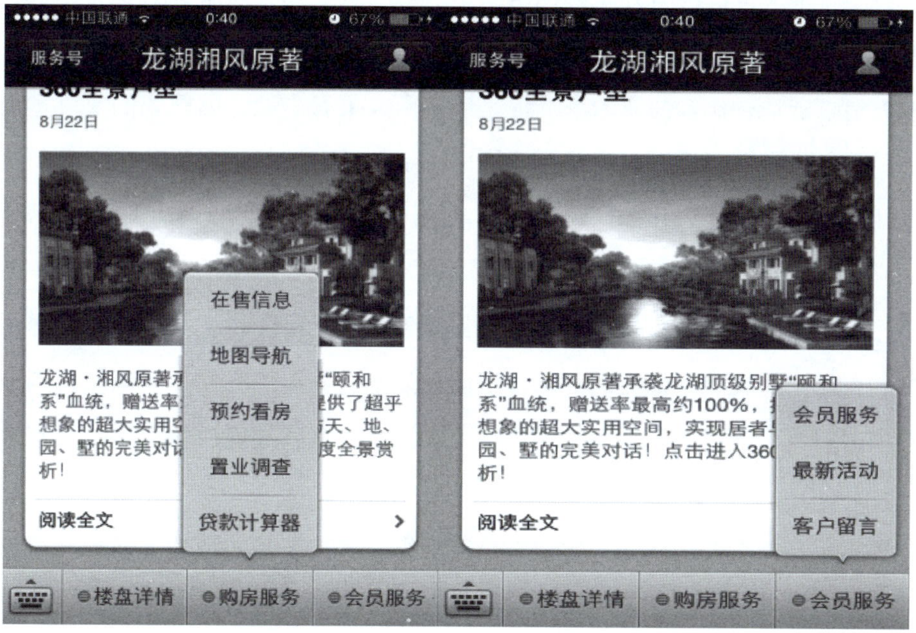

在分析完了这几个竞争对手后，激发了对项目整体规划的创意，开始考虑如何打造自己的卖点，如何去行动。在行动之前还有几个动作，第一是把微信深化到前面所讲功能上；第二是通过微信来提升楼盘关注度，同时和客户进行深度的沟通，这是推广的目的。首先给自己的楼盘思考了一个定位，与客户沟通什么，沟通什么跟产品的特性有关。经过考虑，产品的定位是城市核心的生态豪宅区，首先是一个豪宅区，并且是在城市核心地带，这是它的地位；特色是有 700 亩的植物园，生态价值是独一无二的。所以整个微营销的表达上一定会围绕这个生态价值来展开，优势在别墅，别墅越来越少了，高端住宅越来越少，是一个高端的需求。

分析了自身的产品特性之后，就开始分析受众，受众分析还是很细的，是东莞私营企业主、公务员，还有从外地来到东莞的新莞人。这三种人各有特点，本土的私营企业家比较实在，因为广东人一般是比较实在的。以前我曾经跟过一个老板打工，他应该已经有几千万的身家了，有一次令我大跌眼镜，我看到他在路边摊跟那些妇女一起抢购，广东商人实在、不张扬，而对住宅方面又很讲究，住的地方追求舒适，比较注重家庭。但是广东商人很有主见，因此我们要尊重他的需求。公务员谨慎、低调，房子可能外面还不如里面豪华，看重身份。而新莞人强调便利、强调家庭、强调高科技和完善的设施。分析之后，根据他们的需要来考虑满足他们。如何能满足客户的需要，需要通过我们产品的服务来达成，所以为了达成客户的需要，我们可以打造产品服务点来支撑，也就是产品需要提供什么样的东西才能够满足他们的需求。我们在强调这些点的时候，可以映射到他们内心中的需要，与我们的产品特性进行一次关联，关联到客户的表达才是有针对性的。

那么通过什么来关联呢？通过微信这个媒介来把产品的特性关联到客户的需求上。首先提出微信金牌管家的项目定位，提出的不仅仅只是微信，还是全方位贴身定制化的 VIP 服务部，订阅号的角色定位就已经定位成贴身的 VIP 服务，所以里面所有的动作一定要体现个性化的需求，同时要体现贴身的需求，而且是 VIP 的身份。推广计划制定后，为了能够让这个服务彰显贴身和个性化，把微信公众账号的内容细分到三个阶段，因为人的需求是有阶段性的，分前期、中期和后期。前期所有的客户都是潜在客户，他们都不知道这个事情。所以重点应该放在“告知”这两个字上。比如告知这个楼盘的一系列最新动态活动以及一些噱头的包装，预约看房，提供二维码签到。用噱头让客户感兴趣，用这种预约看房和二维码种高科技流程让客户感觉到楼盘的尊贵，建立一种链接，这是第一步。链接之后，我们开始跟客户交流，就是中期。用什么来沟通？在线的电子楼书是根据客户的需求专门定制的，然后提供会员卡，会员卡也是你的 VIP 会员卡，在线服务是一对一的在线服务。这是把客户由感兴趣变成购买者。最后买完了变业主了，就不用跟他讲这个楼盘有多好，也不需要约他来看房，也不需要做楼书了，客户只需要你给的支持，给他做信息化的服务。一个微信就把水电费交了，可以把清洁工请了，可以做很多的后续服务了，这就是通过为客户不同的阶段量身定制个性化的服务。

再进行细分，前期运营先把项目的系统搭建起来。实现自动化回复、介绍楼盘的卖点以及价值，告诉楼盘的建设进度，告诉风水以及装修，还告诉生活与品位、行情与动态。如买房子要想到这五点：第一，我要选这个楼盘。第二，我要知道买这个楼什么时候可以入住。第三，知道建设进度，我还要看风水。第四，我要注重周边的生活配套。第五，我要了解这个楼接下来是会涨还是会跌，我怕投资失误。从多方面强化客户购买楼盘的信息，是不是非常的良心定制？是的，非常符合客户的需求。这是第一波。针对这些潜在的人群，搭建多媒体数据库，同时开发预约看房的功能，预约看房后，楼盘根据客户的需求安排专门服务。这种看房就不像一般的楼盘，去了看就走，必须现场就有一种金牌服务的感觉，所以在预约的过程中还有一个很贴心的调查——有没有私家车。为什么调查这个？第一要了解是不是我的客户；第二我们了解清楚，你要是我的客户，如果你没有车，我要提供接送的服务，如果有车，我提供预留车位的服务。预约以后，开设二维码签到的功能，签到给你感觉到高科技，其实就是把客户给抓潜了，抓完潜以后，这个二维码其实是个人微信账号，前面是订阅号，把它抓过来了，扫描一下个人微信账号，就配一个业务员给你了，那就可以提供个性化贴身服务了。在这里得搞好一点，形象设计要 OK。

这是我们说的“锁定售楼人员”，每看一个我就用微信给你指定配备一个。之后开始做内容编辑，不停地推送我们刚才讲的一系列东西。讲这个房子的价值，重点描述大型的别墅市场的稀缺性，讲卖点，生态大别墅最后的伊甸园，强调一个楼盘地理位置要好，基因要好，规划和设计也要好。所以从人性化的角度设计，从本质来打造楼盘的卖点，从规划、设计师、风水等等去讲生活，比如策划明星邻居系列。强调楼盘刘德华和周慧敏已经入住了，并且李宇春也来了，所以客户会看到它有明星，借助于明星的业主，其实是为了塑造品牌的价值，最后告诉客户，这个楼盘可值钱了，目前处于高度的增长阶段。比如通过全球的楼市分析，我们是全球八大高资产人士聚集地的城市，我们这个房价在5年之后将会高速地增长42%，这还是在政府采取措施控制房价的情况之下才作出的评估。

当客户有兴趣了，打电话来要求看楼，看完楼了以后就开始中期运营，跟客户谈。客户不是看过了吗？看过以后我就不停地刺激你，由订阅号升级为服务号，这个时候已经不需要大量地去发布信息了，只需要定点追溯。这个时候这就开始升级，要注重功能，楼盘介绍、户型、景观欣赏、项目、集团公司介绍、预约看房地图、导航、会员服务等等，通过三维设计与周边图片配合，第一步先吸引你，突出楼盘这么多优点，打开微信就可以导航。然后做一个叫贷款计算器的工具，首付三成还是四成还是五成，这种服务还不贴心？这个服务虽说可做可不做，但做完以后你就真的觉得它是金牌管家，还没有成为它业主，它都已经把你当业主来服务你还有什么想法？从服务上给你会员卡，你在我们楼下吃米粉就已经开始打折了，在楼下买衣服可以打折了，喝咖啡可以打折了，给狗狗洗澡也可以打折了，你买房也可以打折了，你已经成这样了，都是一家人了，给客户营造幸福感，传达这种价值观，让客户不停地去看，最近又卖出一套什么样的房子，讲每个房子设计的细节。有一个樱桃树的故事，房子外面有一棵樱桃树，老太太说，你这个别墅的地板怎么发霉了？美国的业务员说，您看，门外有一棵漂亮的樱桃树，这樱桃树要长得漂亮就必须有充分的水分，这一点点我们帮你处理掉就可以了，那樱桃树你可以跟你老头在树下面乘凉。然后一上楼看，老太太说，这个阁楼怎么搞的那么高？老人家不太方便。业务员说，您看一下樱桃树，您坐在这个楼上面窗户边上跟您先生在喝咖啡的时候，还能看到这么美丽的树，看到树上的风景，那是一件多么惬意的事。楼层建高一点，您可以看到这棵漂亮的樱桃树。业务员通过这样的引导，不停地强化它的卖点优点，让客户对这个产品产生更重要的向往。因此楼盘会把周边的楼盘的配套设施，比如给你规划到未来的这个小区里面，你可以跟你小孩吃完饭以后去哪个走廊遛遛狗，晚上跟你先生去哪里喝喝咖啡，全部一应俱全地给你考虑了，就会深刻影响到客户的决策。

最后提供情报站，进一步强化楼盘跟海外房产、跟其他投资项目的联系，提供更多的选择。

后期运营就开始进入其他服务部分，可以在网上开始支付，可以交水电费，可以充电话费，可以做很多其他的事情了，就变成服务类的了。

我们看到，微信系统始终围绕着客户，从意向客户变为成熟客户，因此我们说营销的系统要追随客户的需求，而不是你自己想什么就做什么。曾经有一个物业公司用类似方式把一个房地产的项目变成了一个金融的项目。在整个房地产项目里，通过微信提供很多交水电费、交煤气费等小区里面的一系列的服务，最终还提供贷款，小额贷款。为什么它能提供贷款？因为没有谁比一个物业公司更了解这里面的人的经济情况，能贷多少钱，能做什么，房子抵押是不是红本都很清楚。所以这个物业公司把一个房地产的项目变成了一个金融项目，这就是我们说的能够把微信营销做到了综合性的深度应用的案例。

通过这个案例，我们进一步地认识到微信营销 O2O 其实绝非一个单纯的线上推广和营销活动，它跟线下的服务和产品所提供的价值联系是非常紧密的，跟客户的需求也是非常紧密的。把微信营销 O2O 做到极致，就能够得到很好的结果。但是如果前期我们没有办法做这么细腻，也要先有一个概念的开始，逐步去完善，就能够达到跟别人完全不一样的结果。

农民玩转 O2O：微信卖酒，月销 5 万

来自厦门客家土楼的糯米酒先生，是一位地地道道的农民，在注册公众账号半年的时间里，巧思运营，目前已经拥有 2 万多名粉丝，月销售额也达到了 5 万。

如何获取第一批粉丝

糯米酒先生酿造的糯米酒定价是60元/斤，无论是品质还是价值，同市场上20～30元的米酒有很大差异，因此知道自己的客户是谁、适合在哪里卖便非常重要。首先，他花了些时间调查厦门当地的高端厨房、橱柜企业及其店铺信息，最终锁定了10个大品牌和20个中端品牌。之后，他精挑细选了些店铺，便和同事用了近半年的时间深入到每家门店现场互动“拉粉”。我们都知道，闲逛高端厨房橱柜的人多数是有点经济实力的小夫妻，他们要么将要结婚要么准备换新房，尤其更重要的是这个场合更加适合搭讪，如果在超市里，人更多、环境更嘈杂，人们是没耐心停下来听你讲故事的。接下来，他们根据自己的判断，一旦遇到合适的客户便走过去主动搭讪，并递上印有二维码的名片，当场邀请客人关注。微信公众账号的私密性较强，一般不用担心泄露隐私的后顾之忧，因此多数人也不会拒绝。最后，“糯米酒先生”便施展攻心术，要求免费邮寄一瓶给客户试喝，因而同时获得了客户的第一手信息，再根据实际情况适度开展电话回访，进一步获得情感上的认可，最终取得客户信任。从消费心理学上理解，只要对方接受了你的试喝邀请，通常最终都会成为你的客户，只是时间问题。如此反复坚持，他们最终获得了400多位忠实客户，并在公众账号上建立了互动关系。

3. 二维码营销攻略

二维码本身可以存储很多数据，可以实现既识别身份又能同时加入到微信等平台里。二维码所容纳的产品信息、客户 ID、商家平台信息，都可以进行全部关联。所以在移动 O2O 营销的各种环节，包括购买环节、展示环节、对产品深度了解的环节，企业都可以利用二维码和企业的信息平台进行关联，因此企业需要有一个系统的规划，在哪些环节可以切入二维码营销。

（1）二维码营销五步骤

二维码营销的五个重要步骤：定客户、找需求、写文案、做测试、强优化。

第一要定客户。企业首先要知道对哪些客户进行二维码营销。确定客户群就确定二维码营销在哪里做这个事情。例如，进了麦当劳要上网、上 WIFI，那麦当劳的门口有一个二维码告诉我们整个麦当劳全部是 WIFI 覆盖，但是需要顾客扫描一下二维码才能够获得上网密码，很自然所有进店的客户都会花钱，但是麦当劳只是建 WIFI 这么一个很低的成本。所以一个简单的二维码应用就可以实现很好的抓潜。

第二，找需求。找到客户在了解企业产品、购买产品的过程中有哪些需求，甚至产品没有关联的需求也能够成为企业跟客户连接的点。企业要充分利用这种关联性来服务客户。企业要先找客户，除了企业的店面之外，客户还会在什么样的地方出现，找到客户集中出现的地方去应用二维码。譬如说装修公司，要装修房子的客户会在哪里出没？可以在哪里抓潜？装修公司就可以开在新开的楼盘或在中介公司。又比如卖汽车养护产品的，可以在哪里抓潜？4S店或者加油站。因此，企业需要找到客户的需求，客户在地面店有哪些服务需求，有哪些信息需求，我们都可以去进行抓潜。客户进店洗车，告诉他，你现在马上扫一下我们的二维码，或者是第一次洗车不要钱，或者是第一次洗车半价，同时还告诉客户，你扫了我们的二维码，第一次洗车以后，我们整个店里的汽车用品第一次购买都会有折扣。扫描以后打开手机商城可以了解所有后续的养护产品和我们的服务，即使客户出去逛街，只要有时间坐下来就可以看一看我们的产品，可以了解我们这个汽车美容店有哪些服务和项目，也许就对其中一项汽车改装项目产生浓厚的兴趣了，于是，由洗车变为汽车改装都有可能。所以企业要充分利用这种关联性来服务客户。

第三，找到客户需求之后要写文案。写文案的重点是企业如何向客户表达，把客户引入企业的二维码系统。这个文案不仅仅是说印在印刷品上的字，也是业务员要讲的话，话术和文案要匹配，二维码信息一定要包含有终端的信息。

第四，做完文案后要进行测试。为什么要测试？只有对文案测试后才知道有没有效果。一个店用了营销文案后，一天到底产生了多少的扫描量，店面要进行统计。文案尽量准备两种，分为一组二组，进行比赛，这个星期放这一组，下个星期放另一组，然后比较一下效果，看哪一组更好。

第五，测试后进行优化。把效果不好的文案拿掉以后，立刻再考虑第三组文案来挑战效果好的那组，不停地优化文案，一直比到没有太大的提升空间了，文案才算成熟。尤其企业在建立样板店期间，样板店一定要用这样的方法来优化营销文案系统，才能达到最好的效果。所以跟网络终端一样，地面终端的营销方案也需要有数据化支撑。由于二维码本身是可以进行相关信息的采集和比较，生成报表，所以企业可以很精准地进行优化，不停地优化，达到最好的效果。

在深圳有一个专门做汽车维修的地面店，专做汽车美容连锁加盟，也卖一些汽车后市场的产品。因为很多小的汽车零售店瓜分了市场，经营显得越来越困难，希望通过O2O营销来拉升客户价值，在店面摆一些例如汽车坐垫、汽车内饰的产品。当时我进去一看，整个汽配美容店里光是汽车坐垫就放了3个，摆得又很难看，毫无让人购买的欲望。然后这家公司的业务员坐在前台那里也不动，客户进来了也没有人招呼。我就很好奇，问那个老板，客户进来以后怎么没有任何的促销动作呢？他说现在上班的人变了，不像以前20世纪七八十年代那些人那么积极去赚钱，他们对赚钱这件事不是很上心，这是第一个；第二现在生意不好，这些人的积极性也没有调动起来，客户在店里停留的时间也不多，来洗车的把车一放下人就走。从这两点就会发现，汽配美容店有两个问题：一个是缺失了对客户促销、推销的主动性，二是能够给客户价值影响的时间也不多。针对这些问题，地面店如何能够产生更好的销售，我们就思考有三个入口需要把握。第一个是客户进门的时候那个入口一定要把握，先让客户切入到我们的网络营销平台里来，客户进了门，把车一扔，人走了，但是有手机联系，所以我们想办法在客户走的时候能够在客户的移动终端提供持续的服务，我先抓潜，这是第一个部分。第二个部分，我们看到终端的展示由于缺乏促销员的推广，产品对客户来讲影响力不够，摆在那里就是一个坐垫，上面写着2000块钱，或者是1500块钱，但是如果有促销员来告诉客户我这个垫子好、好在哪里，坐上去客户会有一个非常舒适的感觉，再说明坐垫用料是很高级的等，这有说明和没说明的结果完全就不一样了。因此地面店可以在店里进行一些多媒体的展示。怎么样进行多媒体展示？放电视，成本会更高。其实每个人都有多媒体的展示终端，就是我们的手机。这个垫子放在这里很漂亮，我们可以让客人看到更多的同款产品，让客人对比和进一步的了解。业务员只要和客户讲一句就可以了，不用啰嗦去介绍："先生，您想了解我们的坐垫吗？我们这里全部WIFI覆盖，您可以马上扫描一下，这里边有视频解说。"一扫描，手机就会把多媒体视频进行播放，这样就用系统代替了人的一些工作，甚至比人做得还要好。

（2）二维码营销五大应用

接下来看一下二维码的五大常规应用。二维码营销在企业的服务流程的五个方面可以发挥比较好的作用。

第一，是产品的防伪，产品的线上增值服务。我们现在做的很多项目，譬如说玛卡（玛卡是一种生长在南美洲秘鲁安地斯山区海拔4000米以上的高原上的植物。数千年来玛卡一直被印加人看作是安地斯山神赐的礼物，当时印加人除了把玛卡当成果腹的食物外，还意外发现玛卡可以增加体力、增强耐力以及有抵抗疲劳的力量，同时又可以增强人类及动物的性能力和生育力，也就是因为玛卡的神奇效用，印加人就靠着玛卡补充能量，军队战士个个体格强壮，并建立了空前绝后的印加大帝国）。极卡是在玛卡行业里面纯度非常高的一个产品，是比较贵的产品。现在一个产品出来以后，市场的这种模仿速度是很快的，所以当极卡推向市场的时候，就发现很多同行开始低价冲击，这个时候应该怎么办呢？不是拼价格，千万不能降价，降价就死定了。这个时候极卡需要进一步地去塑造品牌的价值，对于品牌的价值是多维度的思考，一个产品越矜持，客户觉得越值钱，因此我们在网上做了大量的公关工作，我们集中了市场上所有玛卡纯度的检测报告，有别于极卡的玛卡产品定义为大路货，对极卡进行了全面的包装，并且声明只有官方网站直接销售的极卡才属于正牌，客户一定要认准，不要买了假的极卡。然后在网站上告诉客户，极卡产品里面有哪些重要的参数和重要的成分，客户可以怎样识别，客户买回去以后在产品盖子的顶部会有一个二维码，扫描这个二维码，首先可以让客户知道这个产品的真伪，同时也可以看到产品的溯源产地在哪里，采用的工艺是什么等等非常详细的一系列内容。扫描之后，还会给客户看到如何从外观等各方面识别产品。通过这些措施，使得玛卡产品价值得到进一步的认证和提高。所以通过二维码实现产品防伪和增值，同时也可以实现大量的客户抓潜。不管是客户买来自用，或者送给朋友，都会有一个说法，这个产品是正品，这个产品你可以扫描二维码，可以看到正品所有相关的信息，同时也告诉用户，这个产品和别的产品有什么区别。二维码系统怎么做呢？直接整合微信的二维码系统，只用微信一扫，一扫就能呈现出产品的批号，这个产品是第一次被扫描了，如果是第二次说明什么问题？说明套码了，就不一定是正品了，已经被验证过了。

这个模式我们也应用到了翡翠，某公司销售翡翠。翡翠更需要正品，因为翡翠采用的是 O2P 的这种商业模式，有个人代理商来卖翡翠，企业害怕这些个人代理商拿了我们的品牌去卖了很差的产品，对企业的损害很大，所以客户在网络购买翡翠以后，翡翠本身是有相关的二维码证书的，客户扫描二维码证书以后，会拿翡翠和网上产品的关键识别点进行对比。因此客户一扫翡翠，就可以看到网络上的产品是否真实，就防止了经销商用一些劣质产品去冲击我们的品牌，产品得到加深管理。同时为了进一步加强个体经销商的公信力，还提供了经销商的二维码身份，就是我们可以在公司的网站上有一个经销商的授权区，客户扫描这个经销商的二维码，就可以直接切换到官网上，网上就会有这个经销商拿着授权证书的照片，让客户认证这的确是公司已经授权了的经销商，客户可以相信他，所以，通过二维码系统，还可以实现产品以及服务商的认证。

这样的系统在七八年前我们也用过。当时做音像制品和书籍的时候，用的就是这套系统。只不过当时用的不是二维码，用的是防伪码，就是刮开防伪码里边有一个数字的那种。每卖出一套音像制品光盘和书籍，这本书价值 35 块钱，就会送客户 88 元的网络增值服务虚拟货币，客户刮开这个防伪商标，在官网上填入这个数据，就立刻给客户的账号充入 88 元，我们叫梦币，这个梦币可以看跟这本书有关的视频，也可以看这本书有关的其他书籍。比如说客户买了 8 本书里面的 1 本，对另外的 7 本也想学习和了解，这时就有一个免费和学习了解的机会，当客户注册之后，就可以看到另外 7 本书的每 1 本书的 1/3。看了后觉得有意思，客户会想买，就拉动了销售，另外还提供系列的网络增值服务。这些都是可以应用在二维码营销的领域里边的。所以说如果企业有自媒体，就线下的自媒体或者宣传渠道，可以通过二维码营销，将地面宣传最大化。为什么这么说呢？企业投放了电视广告，投放了路牌广告，展示出去以后，企业会发现一个城市的核心街区人流量过了一段时间以后会有重叠度的。比如说企业去新浪网投放一个广告，会发现连续投放一个月以后，第二个月来看这个广告的有 60% 都是同一群人。因此，企业需要营销的短时间内能把数据通过一种方式收集起来，而不需要持续不停地投放广告，所以不管地面广告、平面广告还是电视广告，我们都可以跟我们的二维码结合在一起做宣传。

比如一种叫“平谷红杏”的地方特产，属于小产区、小山地限量版，肯定会有很多仿冒的，所以平谷红杏就充分利用产品的稀缺性，在产品上印上了二维码，客户可以扫描这个二维码获得印证，当然也可以切入到网络直销的商城，这样的话可以使得这个有限的好产品能够通过互联网卖出更好的价格，卖到一线城市。

第二，二维码可以实现产品多媒体的介绍。前面所举的汽车美容店的例子，就是通过店员跟客户沟通，或者通过系统跟客户沟通，甚至系统跟客户沟通的效果还更好一些，能够说得更清楚，展示得更漂亮。但是如果在店面大量地让每一个产品都有多媒体展示，显然是不现实的，成本也高。实际上企业可以利用客户的手机终端，这个也是最完善的多媒体终端，来给店面所有的产品作一个系统的介绍，尤其是店面的核心产品。企业可以号召客户通过扫描二维码去看产品的多媒体介绍，通过视频、图像去成交客户。这样就会大幅度降低业务员对产品促销的难度，也实现了销售终端更高的转换率。

第三，二维码还可以做到平面广告的“多媒体化”。在一个非常繁华的街区，大型的户外广告，特别是在路边的户外广告，能够传递给客户的信息是非常有限的，人们去逛街，一看只能认知一个品牌而已，没有办法让客户去停留和了解这个品牌更多的信息。那么企业可以让二维码成为桥梁，让客户对这个品牌有浓厚兴趣的时候，通过扫描二维码快速地切入到微信订阅号，从而更完整地获取企业的信息。

在上图是沈阳的一个手机杂志搞的二维码营销，很成功。沈阳的户外广告上有一个奇大无比的二维码，只写了“最美的”三个字在上面。人们在街上看到这个广告的时候会很好奇，这是个啥玩意儿？什么叫最美的？那么大一个二维码，好奇的人就会在微博和微信上传播，传播的结果就是让这个手机杂志的品牌得到了最大化的病毒式营销。原有的广告方式太传统了，已经没有人去注意，街上到处都是某某洗发水，某某手机，已经失去新意，而这种模式能够产生更好的效果。

第四，我们可以用二维码跟手机商城联系在一起进行销售。如白领下班回家要吃饭，要买菜，买菜这个过程很痛苦，或者是时间太紧了，很累。坐地铁回去要半个小时，甚至一个小时，回去还要买菜，买菜又一个小时，煮完饭就该睡觉了，时间都没有了。没关系，特易购在地铁站的广告告诉你可以在地铁上买菜，上地铁之前先扫一下二维码，进入手机超市去选购鱼，选购牛肉、选购青菜，马上下单就地配送，就在家门口等着你回来。这种营销模式充分地抓住了客户的需求，所以这种营销也是值得我们借鉴的。

第五，可以用二维码来进行地面的抓潜活动。这个案例其实就是通过二维码产生产品的增值服务，现在很多项目已开始应用。

JCPenney 商店　带个性多媒体的礼品

我们会看到礼品包装上有一个二维码，它是什么意思呢？这是一家商店在节庆的时候推出的一种个性化礼品，当客户在这家商店买礼物，不管里面是个音乐盒也好，或者是个首饰也好，都可以增加一个附加的惊喜。客户可以在商店里坐下来，商店提供非常专业的录音设备，在等着商店给礼品包装的时候，录上一段语音送上对朋友的祝福，比如祝生日快乐、天天健康、快乐无比等等，附到这个产品上边去。怎么附上去呢？客户录下这段语音后传到这家公司的公众微信账号里面，系统生成一个二维码，这个二维码被贴到了礼品上边。那么客户的朋友得到这个礼物时就会得到提示，他可以通过手机扫描这个二维码听到语音的祝福，使礼物的价值感更强。通过这样一个模式，客户在收到礼品的时候很惊喜，惊喜的过程中会分享，分享的过程中又实现了扩散的抓潜。人们对这个品牌的认知度也会更深刻，商家得到的并不仅仅是传播，更多的是品牌的认知度。

这个案例现在一些公司也得以应用。其中礼品公司就可以应用的，比如说一个做月饼的项目，现在月饼好难卖，中秋节的时候大家送月饼已经觉得毫无新意了，但是毕竟月饼等于中秋节，只要我们做微创新，人们还是愿意送的。如果我送给我们公司所有合作伙伴的月饼上都印着牛蛙网的 LOGO，那肯定会不一样，是吧？更重要的是业务员把月饼送给客户之后，还可以有一个多媒体语音，代表了业务员送给客户的祝福，就不一样了，月饼中间搞个二维码，一扫描后会说话的，这个月饼就值钱了，更重要的是会发现一个情况，这个月饼成为这家公司最棒的“销售员”，明年它会有一大批订单，今年就准备好了。中秋节时送月饼，端午节送粽子，春节的时候再来点其他的东西，通过虚实结合，这个产品就有价值。有人会说，老板会说开销太大了。但想象一下，一家公司送出 100 个客户，这 100 个客户的礼品费肯定能够抵销广告费，我敢肯定至少 30% 的客户对这个礼品感兴趣，扫完以后直接进入这个公司官方微信，实现了抓潜，然后在微信里面推广告还不行吗？这就是一种模式。

前面提过，有一个照相馆的项目，拍聚会、拍毕业照，高中毕业照、大学毕业照，多么珍贵的时刻，是吧？但是不管人们多么珍惜，总是会有丢失。比如说拍 DV，但是过了一段时间没了，10 年以后没了。没关系，因为照相馆帮客户保存在数据库里边，拍了毕业照后，在毕业照上面有一个二维码，首先扫二维码，可以把这个照片的电子版下载下来；第二，这个二维码包含了当时在现场拍摄时的花絮，现在拿出来再看一看，是不是很好？毕业视频花絮和毕业照连在一起，搞个二维码，放在照相馆的数据库里面，照相馆的品牌就可以得到长期传播。参加工作后，这个毕业照摆在公司桌面上，你的朋友来，你都会炫耀一下，说看到这个毕业照没有，很有特点，二维码可以扫，可以看到当时学习的情况。其实每个行业都有自我革新的机会，只要愿意创新。

比如这个产品介绍的二维码，看这个广告的时候，如果想了解这个二维码后面的事情就可以扫一下。扫一下，当然这是介绍一个内衣，“维多利亚内衣”这样的一个二维码。在这里要充分理解两个方面，一个方面是利用多媒体的形式进一步地介绍了产品，让人们对产品的理解更加地深入。第二个方面，这个二维码

充分地利用了人们的好奇心，好奇心往往是能够更多地去发挥广告的最大效果。英国有一家公司在公路边放了一个奶牛模型，牛上面搞了一个大的二维码，人们远远看到后，会有什么动作？等人们扫描后就会发现其实就是那家公司的广告宣传。

现在有很多这样的做法，右图是昆明公园的一个商家做的二维码营销。注意，二维码全部是由鲜花组成的，白玫瑰和红玫瑰，中间还放着一个大熊猫。这个熊猫不是假的，是真的。这种营销模式引起了人们的围观，甚至与之合影。想象一下，人们愿意跟宣传二维码合影会是一个什么情况？在一个人的照片簿里经常与二维码合影，所有看到的人都会好奇这个二维码里面到底是什么。所以“病毒式营销”一定得有创意，很多人在店门口放个易拉宝，上面印个二维码，这怎么叫做营销呢？

(3) 地面二维码抓潜四大原则及案例

抓潜的目的是为了更好地营销，二维码抓潜有四大原则，我们必须了解。

第一大原则叫即时原则。什么叫做即时原则？所有的二维码营销带给客户的服务价值必须是马上兑现的。只有马上兑现，才会有最快速的拉动力。如果说扫一下二维码要等到下个星期六公司才给你送个什么东西或者抽个奖，那客户就没有兴趣了，人们的生活节奏非常的快，获得资讯的速度也很快，可以选择的面也很多，所以必须要即时兑现。

第二，互动原则。不要很呆板地展示，越互动性的二维码营销，效果是越好的。例如前面所举的熊猫二维码案例互动性就非常强。如果这个二维码是一个有互动的元素跟客户交流，成功率就会很大。像车展现在已经发展到把二维码应用到人的身上，一个美女背是露出来的，上边一个二维码，欢迎大家扫描，这就是一种互动性。在商场里会出现很多卡通形象人物走来走去，这个品牌营销效果远远比送一个印刷品在卖场要好得多，因为人们对印刷品广告的敏感度已经很低了。

什么是互动炒作呢？有一个案例，公司在中国（深圳）国际文化产业博览交易会（简称“文博会”）期间，我们做了几件事情，先去文博会做了解，要参加文博会的人很多，进去的时候时间是比较长的，所以我们在门口穿着火红的衣服，给参加者送免费的矿泉水。当时我们跟主办方协调过，说提供免费服务，给所有的人送矿泉水，主办方说没关系，只要不搞什么商业活动，不派传单。关键是矿泉水那个腰封上面全印着公司的广告，矿泉水的腰封是全部重新印过重新贴上的，是现场抽奖活动预告，每半小时在展台派送音像制品。这个矿泉水本来很特别，不是一般牌子，人们肯定会看，看的时候我告诉他每半小时在哪个展台有一个抽奖，为了加强这点，同时派了八个模特，每一个穿着火红的衣服，每 20 分钟举着牌子全场走一圈，牌子上面写着 10 分钟之后在某某展位将会派送什么样的礼品，每半个小时公司的展台就挤了一堆人。

企业在做营销的时候，你在门口印一个东西，效果是不好的，就要考虑换一种形式，我们在珠宝展做玛卡宣传的时候，我们不是做一般的派传单，我们派红包，搞一个财神爷在门口派红包。人们接了传单肯定会扔，但肯定不会扔红包，红包里面放了二维码，这个二维码是现金券，客户扫了这个二维码以后，就可以得到一个现金券，凭这个现金券可以去到珠宝店买任何珠宝。另外客户即便不买珠宝没关系，在展会送玛卡。用玛卡这种新奇特产品做引流，加上这种形式，把人们引到那个展位上去，取得了相当不错的效果。

因此，二维码营销要进行互动。举个例子，同样是一个易拉宝，旁边站一个人，方便把礼物即时派发，效果肯定比只发一个二维码的效果要好得多，虽然同样派礼品，即时派送和延时派送效果就不一样。举例，在郑州旁边有个林州市，当地搞开元上品这样的地域性生活网，发行开元上品卡，这个卡可以在林州市的一些高档餐饮、高档卡拉OK、娱乐机构还有电影院一卡通刷。这个开元上品卡当时也是采用互动性的二维码营销，要求所有的加盟店都进行抓潜，用最简单的执行方法，在店面做二维码营销。怎么抓呢？在门口也是放一个易拉宝，但是只是写几个字，就是进店扫二维码，就抽奖，奖品是啤酒。进去只有20%的人扫吧，进去吃饭，80%的人视而不见，让店员进行宣传。“你好，几位？三位，这边坐。您可以先扫一下二维码，参加抽奖。”这句话很重要，说了和没说结果差很远的。有些人扫了，有些没扫。即便你这样说，又是只有20%扫了。下一个步骤就是拉动，顾客一坐下去吃饭，过了10分钟，收银台有个小喇叭，放着轻音乐，很温柔的声音响起：“恭喜第6桌中啤酒1瓶。各位，想抽奖可以扫描桌上的二维码参与。”整个吃饭的都听到了，过了15分钟又说一遍，再过20分钟又说一遍，现场80%的人都会扫，一瓶啤酒才2块钱，一桌下来，我不就送了一瓶啤酒嘛，相比于那一桌饭，几乎没什么成本，但现场抓潜的效果就很好。把客户引流进去以后我们推开元上品卡。这里存在双重互动，进门一次互动，现场坐下来再一次互动，双重互动。

第三，匹配原则。匹配就是指活动跟客户的需求要匹配，像刚才所讲例子，顾客进去吃饭，你给他送啤酒，跟现场要很契合。

第四，共赢原则。共赢原则就是大家都能赢。共赢原则可以用二维码做联盟，有一个小伙子在地铁口开了一个奶茶馆，结果地铁施工了，奶茶馆的门口被挡了，生意变差了。这个小伙子很聪明，他看到另外几个服装店的门口没被挡，生意反而更好了，因为流量更集中了，所以他跟那个女老板商量，他说“阿姨，我是隔壁奶茶店的，就是那边离你们不远，一两百米这样子。据我观察你们店每一个月至少损失了1/3的营业额。”（小伙子很会沟通，如果你是那个老板娘，你会不会感兴趣？）“为什么你就说我损失了1/3营业额，在哪？”他说：“阿姨，你没有看到，你这里卖的都是女孩子的衣服，但是逛街是男孩子跟女孩子一起来的，对不对？男孩子很干扰你的销售，为什么？不愿意等，是不是？他催促女朋友走，所以这么一干扰，销量本来卖两件变成卖一件了，是不是？本来可以磨一磨能成交的，现在走掉了。我帮你想一个办法，帮你把这个事情解决掉，好不好？”“那当然好，怎么解决呢？”他说：“阿姨，你不要看我年轻，我现在帮你做一个活动，我们拉生意。我放个易拉宝在你这里，上面写着猜谜语就中奶茶。你坐在那里，女士看衣服，男士你就安顿他坐在凳子上面，让他来玩一下游戏，让女朋友挑去。小伙子坐在这里一扫二维码，猜谜语送奶茶，只要猜中10个谜语你就免费给他一杯奶茶，这个奶茶就在那边200米那里去领去。”中奖率几乎100%。为什么？那谜语好容易猜的，如中华人民共和国的首都是哪里？刚开始容易猜，中奖率很高，但是猜的时间蛮长，很多，恭喜你，又猜中了，太棒了，再猜一次，又猜中了。玩游戏，各种游戏。好，男的在那里玩游戏，女的就去选衣服。中了一杯奶茶，选完衣服以后去喝奶茶吧，两个人去了，中了一杯，不可能一个人喝，所以这杯奶茶势必变成两杯，不就相当于打个5折吗？生意就越来越好。过了大半个月，小伙子跑过去跟那个阿姨讲：“阿姨，我要把这个易拉宝拿走。”“小伙子，千万别拿，这活动挺好的，我给你拉那么多客户去，你看到没有？”“拉是拉过去了，

但不赚钱，奶茶小本生意打 5 折哪有钱赚了，不行，这个活动到此结束，拿走。”“小伙子，别拿别拿，这样子吧，赠品我来出。”这时奶茶由女老板来出了，卖衣服送一杯奶茶，才多少成本，这就是共赢，是不是很巧妙的一个方法？

现在来看具体的一些案例。前面说到了这个即时性，就是说在做活动抓潜的时候，要注意长线短线都来，客户扫描二维码拿走一包方便面，半个月之后，他还可能中一辆奔驰汽车，这样才有效果。

青柠餐厅，这个餐厅我跟爱人出差的时候去过一次，进去一吃，里面有一个泰式柠檬鱼，鱼挺好吃的，吃完了以后，营业员过来问：“先生、太太，鱼的味道怎么样？”“可以，不错，小伙子，鱼挺好吃的。”“你们可以扫二维码去做这个鱼。你扫这个二维码可以学做这个鱼，里边有视频教程。”我太太还没等我反应过来就去扫了，她喜欢做菜，这就是一种互动，没有成本，但是抓潜率还是蛮高。在牛蛙网的写字楼第二楼，有一家火锅坊也做得不错，也是类似这样的方法。所以这个信息传播很快。类似这样属于服务性的二维码营销，基本上没有什么成本却能够产生很好的效果。

还有个案例，“简单爱”是一个生鲜网站，卖配菜，比如说有人想做剁椒鱼头，要买鱼头、剁椒，还要买一些配料。那么你去这个网站买剁椒鱼头，它帮你全部搭配好，不多不少，就刚好一份的分量，是配好的菜，很方便。现在更好了，买回去了，怎么做呢？可以扫这个菜上面的二维码，做那个菜的视频立刻就出来了，那网站卖的就不是一个剁椒鱼头了，卖的是做菜解决方案。所以现在卖产品不要只卖产品，要卖产品加服务，用二维码关联起来。

美诺彩妆天猫店也是用的互动性原则，在广交会上发“美元”，上面就是一个二维码，这是 O2O 的模式。广交会是一个地面的展会，美诺彩妆通过这个方法把客户引到天猫店去购物，也就是把地面流量大面积地引到线上去，这是美诺彩妆的一个做法。再细看，韩国人创意就是多，这个二维码，是一个会变的二维码，只有晴天太阳落山的时候才能看到它，平时看不到。当阳光正面照的时候，或者是说没

有达到那个角度的时候，是无法看到这个二维码的，也扫描不出来，它用阴影跟这个材料组合在一起。所以你要是走运，那天刚好那个阳光斜照了，又扫到了这个二维码，就可以进商场，去买商品的时候有非常棒的折扣。美诺彩妆为什么弄成这样，那么麻烦，不印个清楚的，扫了折扣拉动销售就可以了。这叫噱头，人们会传播，感觉到新奇特，因此现在的营销要做个性化，要做互动性。

这个互动性更强，一个酒吧的二维码，进门的时候盖一个到顾客的手臂上，

就跟前面啤酒那个案例是一样的道理，提醒所有的顾客，“接下来把你们的手臂露出来，手机拿出来，扫描立刻就可以送 5 折香槟”。也就是进了酒吧里面，不同的时间你可以从这个二维码扫描得到一个电子券，可以去获得现场限时的优惠，非常棒的想法。

4. 社区平台营销攻略

移动 O2O 营销有一个非常明显的特征，跟地面营销渠道进行有机的结合就决定了网络上也是要有区域性的概念。因为地面的服务会跟网络的服务紧密结合，网络上有区域概念的入口就是社区，社区代表了圈子和聚集地。所以说在移动 O2O 营销里面，O2P 中那个“P”就是圈子，圈子就相当于物以类聚，就是网络的聚集地。大家知道天涯论坛，也知道猫扑大杂烩。天涯和猫扑里面的群是不是不一样？一个比较成熟化，一个比较年轻化，讨论的内容也会有不一样，即便是天涯里面，天涯有很多的板块，每个板块里面聚集的人也是不一样的，比如八卦板块以女性为主；杂谈板块以男性为主；摄影板块，喜欢摄影的人在那里聚集。像天涯这种全国性的论坛，也不是每个城市用的人都是一样的。像上海有上海的社区，深圳有深圳的社区，每一个城市、每一种人群，他都会聚集在互联网上不同的社区。甚至小到住宅小区，如很多的住宅小区，都有自己的社区板块，还有自己的 QQ 群，网络社区已经很精细化了。所以如何能够利用这些网络社区，跟地面销售的圈子进行很好的结合，值得研究。而且网络相对比较成熟的社区网民，对于互联网应用的接受度往往比一些新兴的社区更加的高。像资深网民在论坛里面已经玩得很溜了，他对于微信平台接受程度肯定是没有问题的，但是对于微信平台玩得很溜的人，也许对传统的互联网社区接受度不大一样，这是非常值得互补的两个体系。

（1）六步做论坛营销

网络社区营销里面有一个非常重要的叫论坛营销，要做好论坛营销有六个步骤。

第一个步骤是定客户。首先企业要搞清楚客户是谁，是经销商还是终端客户。消费者的营销有消费者的做法，经销商的营销有经销商的做法。

第二个步骤是选平台。定客户是要知道客户是哪一种人，要知道混哪里。营销顾问在实施营销项目的时候往往会去问客户平常喜欢去的那些地方。前面提到的火星高科项目，那些工程师经常去的这些论坛，我们是不清楚的，但是当时立刻就找到了相关的管理人员，立刻作一个调研，问问这些工程师平常主要在网上去哪里获得技术支持，在哪些板块里面谈的什么内容，调研之后就可以把平台选出来了。在做简单爱上海生鲜网的时候，我们首先对上海的白领作了一次抽样调查，从而知道他们经常去哪里，特别喜欢去哪些网上玩，找出来以后作策划，选出平台以后，还必须要了解这个平台。比如说上海的宽带山这个论坛，先去看这个论坛，里面的人在哪些板块，哪些比较热门的讨论主题，还要了解在这个平台里面有哪些广告形式，有哪些合作方式，也可以在里面搞一些抽奖活动，这些商业化的活动都是要付出代价的，要进行价格的了解，还要进行价格的谈判，然后综合性投入产出分析再作出决定。

比如，当时我们了解到在上海的宽带山论坛是上海人云集的地方，并且还有点“排外”，我们觉得这个平台特别适合做本土的生鲜网购。为什么？一般有家庭的人买菜做饭的可能性会更大，所以了解清楚之后，立刻就与宽带山的业务部门沟通，看看有哪些广告形式。后来发现在宽带山里面有一个比较好的论坛板块，我们很感兴趣，想跟它合作。合作的时候，首先我向对方询问这个论坛之前有作过哪些营销活动。他回答做过了什么、效果是怎么样、有多少的流量产生、最终能产生多大的引流和多大的订单。我们还了解到现宽带山之前和本来生活网站（与简单爱生鲜网站非常相似的生鲜网站）合作过，在宽带山做了一个活动，也是派各种各样鱼的活动。当时花了一个礼拜的时间，获得了流量和预订。为了了解这个活动进行的具体情况，我们要求主办方调出所有有关这个活动的资料，包括帖子，我们进行考察，结果发现本来生活网站在论坛里搞活动只是千万大型活动里面的一个小活动，并不重视，在不重视的情况之下仍然取得了不错的效果，我们完全可以投资进去作为重点来做。在进行报价谈判的时候，我们发现媒体报价有个特点，网络媒体报出来的价，砍 70% 到 60% 是没有问题的，等于比半价砍得还厉害。这是我们说的选平台。

第三步，做策划。选完平台之后再去策划，策划的过程中一定要跟平台媒体策划部门沟通，不要自己一意孤行地策划，企业要结合他们的策划部门联合来策划，因为他们最了解这个平台玩什么玩得动，玩什么玩不动。但是也不能完全听他们的，因为平台的策划部门会站在平台的立场去想问题，不想要那么麻烦，只希望把事情做完，钱给收了就算了。因此企业要向平台策划部门提出自己想达到的目的，共同探讨实施的办法。

第四步，预热。沟通清楚以后，把活动分成几个阶段，活动开始之前要作预热，在平台先让网民了解，然后再进入正式的活动期。

第五步，搞活动。

第六步，扩影响。活动的过程中要注意搜集素材，包括精彩花絮及颁奖，都要进行非常正式的素材采集，为了后续扩大影响。比如说一次选美比赛，里边有好多精彩图片，有小孩子跟选手合影，就是一个很精彩的素材。假如一等奖去法国旅游。还要全程现场报道，精彩花絮不能漏，这样才会给人的感觉最好，为的是下一步活动，也为的是对已经参与活动的人更认可这个品牌，所以做任何活动都要分为前、中、后三个阶段，中间要起串联前后的作用，要注意总结和放大，要把每一个活动做到最大化的效果，这才能够达到我们的目的。

（2）论坛营销的两种形式

论坛营销有六个步骤，接下来就探讨论坛营销的两种形式。

第一，选秀。论坛营销里面比较成熟的，也是比较广泛应用的，操作起来可行性比较高的活动，第一个就是选秀。论坛里选秀活动在六七年前就已经很火爆了。经典的营销模式，经久不衰、屡试不爽，反正用这个总能成功。像选秀活动目前基本上只要用到都不会有太大的问题，在幼儿园也用过，在其他的婴儿用品也用过，女性的化妆品也用过，都是有效的。选秀活动为什么会火爆？是因为现在已经进入了一个新的时代，叫秀时代，所有人都秀自己，不管好不好看，有没有水平，都愿意秀，秀了以后都会有人愿意去捧场，凤姐也可以，芙蓉姐姐也可以，总而言之只要愿意秀就有人愿意看，所以秀本身是一个很好的互动模式。

在 2009 年我就参加了一次网络选秀。当时在搜狐的母婴社区里边有一个宝宝选秀活动，不是我参加，是我儿子参加，当时为什么进入这个选秀活动呢？当时是我的朋友发过来一个链接，以命令的口吻跟我说，帮他投票，还要帮他拉票，至少 20 票以上。我一看原来是他小孩在选秀，一看跟我小孩比起来差远了，然后我去投票，投完以后，我说这样都能投，那就让我儿子也参加。那个宝宝选秀活动很简单，把照片一发，然后投票，投票第一名就可以获得类似像法国游这样的礼品，第二名可以终身奶粉免费。我倒不是为了冲着那个东西去，只是觉得参加这个活动能满足我自我展示的欲望，这是潜在的需求。而且我觉得自己很有优势，把我 QQ 里面所有的人都发了信息，可能有两三年不打招呼的也发了信息，厚着脸皮让作转介绍。我老婆行动力也很强，结果像传染病一样，我发完以后我那些朋友只要有小孩的都上，跟我挑战，结果搞到他们都发自己的，都不投票了。我当时投票获得了 6856 票，自我感觉不错。但是结果如何呢？第一名是 9 万多票，这个选秀活动，我一个人给他找了 6000 多个客户，给他作宣传。所以这种活动传播还是很容易产生共鸣的，选秀很有作用。

案例：《寻找我生命中的美丽》O2P 选秀活动

女孩子喜欢拍写真，写真能留住生命中最美丽的一刻，留住青春，让青春在相册里绽放。所以人们参加这个活动也很简单，简单到只需要把电子相册翻出来，找一个觉得自己最美的时刻分享就可以了，正能量、阳光的、有纪念意义的都可以发上去。

为什么搞这个活动？首先要知道你的客户是谁，通过这样的活动可以扩展客户，让你的客户在快乐中转介绍。活动的方式很简单，甚至大家都可以复制。第一步翻开老相册，寻找照片。第二步用手机电脑都可以传到我们的平台。注意，现在的活动尽量传到手机平台，因为可以捆绑手机号，客户传的时候只要用的是手机，我们就可以锁定手机号码。不过即便锁定了，也不要以为就不用抓潜。主动填的和去捞的有很大的区别，主动填的再去服务不反感，甚至愿意接受；客户没填你自己偷偷摸摸，客户很反感。因此如果去抓潜的话，对号码的处理方式要非常巧妙。

传完照片以后，投票的平台在哪里？投票的平台一定在手机端完成，一定让客户投票只能扫描我的微信公众账号才能参与投票，网络上不提供直接投票。这就是强制性抓潜，这个大家不会太拒绝的，然后让客户拉票就可以。拉的时候可以用 QQ 发一个链接，打开这个链接就可以关注他，他的朋友投票只需要扫描一下二维码就可以给他投上一票，投完以后再去赢大奖就可以了，就是这么简单。

关键是在操作中需要处理一些问题，就是我们要抓住两个主要点：一个是参与活动的人，让他的体验感更好，成为我们忠实客户。第二个是他的朋友如何能够跟我的品牌进行很好的连接，我们要放置鱼饵，让他的朋友体验到我的产品或者服务，否则搞这个活动只是起到一个品牌传播的作用，只是起到第一个环节的作用。第二个环节还能带动销售，那是最好的了。如何能让一个参与者变成一个消费者？这个嫁接的动作就很重要了。

第二，服务。什么叫服务？通过论坛为网民提供服务。论坛要活跃，要体现专业，而有些公司有专业的内容，这样双方就有合作的基础，公司持续性提供专业内容给论坛，论坛提供平台给公司。举例我们公司做微信，微信最难的是准备内容，而且是有价值的原创内容，假如有一个人过来说，我能帮你的微信网站提供行业内最专业的内容，但是不需要你给钱，公司会不会要？这种情况下，唯一的要求，公司与公司的业务不冲突，比如卖存储设备的与卖杀毒软件的。那么在你的平台上也宣传我就没有问题，所以我们可以通过这样的联盟来合作，反过来我们可以通过这样的联盟获取权威的内容，公司完全可以在自己的领域里找到一个专家来包装公司，论坛利用网络营销的系统，专家成为自媒体的一个撰稿人，论坛永远会在平台里面包装专家，但是专家要持续跟论坛同一内容，所以这个联盟是可以形成的。这就是提供服务、提供内容、卖解决方案，最后抓潜，把产品卖出去了，持续性的提供服务。这种方式是很容易实现转化的，把论坛用户转化成我们的客户，哪怕是做美容的论坛，也可以在上边教用户做菜，在上面教做美容餐，教做养生排毒美容餐，这就有一定的关联性。客户是关联的，只是说抓潜过来以后，再把他转成美容的客户，这就是在网上社区做服务。

案例："简单爱"爱疯了神厨大赛

"简单爱"是一个品牌，iphone（苹果手机）是它的礼品，iphone6 就叫"爱疯了"，神厨大赛是形式。

首先我们要做定位，企业要抓到想要的客户，同时也要传播企业的品牌价值，才能够起到既做销售又做品牌传播的双重效果。其次对这个品牌要有深度理解，"简单爱"是一个生鲜网购品牌，互联网上有顺丰优选网，有本来生活网，这些网站都是做生鲜的，他们的平台大，顺丰优选是顺丰做的。"简单爱"就是一个小平台，刚开始推广就要面临这样的竞争，当然要做差异化：第一要专注于地方市场，专注于上海市场；第二要区别于其他品牌。所以当时我们就思考它的特点是什么，"简单爱"的沈总说他们的特点就是做配菜，别的网站是做原材料，"简单爱"做配菜。顺丰优选卖萝卜、卖白菜、卖猪肉、卖牛肉、卖鱼，就和在大街上卖菜的原理是一样的，只是放到网上去卖，有物流，有冷链系统来配合而已，其实还是在卖菜。但是"简单爱"不仅是卖菜，还卖营养解决方案，因为菜品是配好分量的，客户不会浪费，想做土豆烧牛肉，这一份的各自分量搭配就是配好的，白领拿回去洗一下就可以做菜了，多方便。

方便是我们所说的产品特性，属硬件特性。但我们认为这个硬件特性还太硬了，产品销售，功能是一方面，但是功能要加上感觉，才更好销售，所以我们提出一个方向：品牌叫"简单爱"。主要打造三个卖点：好味道、好营养、好温暖。

第一个是好味道。客户做菜最关注的是味道好，味道好不是菜本身的问题，是做菜的问题，所以我们提供给客户的，不仅菜品本身是很好的菜品，更重要的是全部有大厨的解决方案。网站请到顶级的大厨作为我们的专家，客户每买一个菜，我把这个菜怎么做告诉他，用视频、图文并茂教程教客户做，放几两油、放

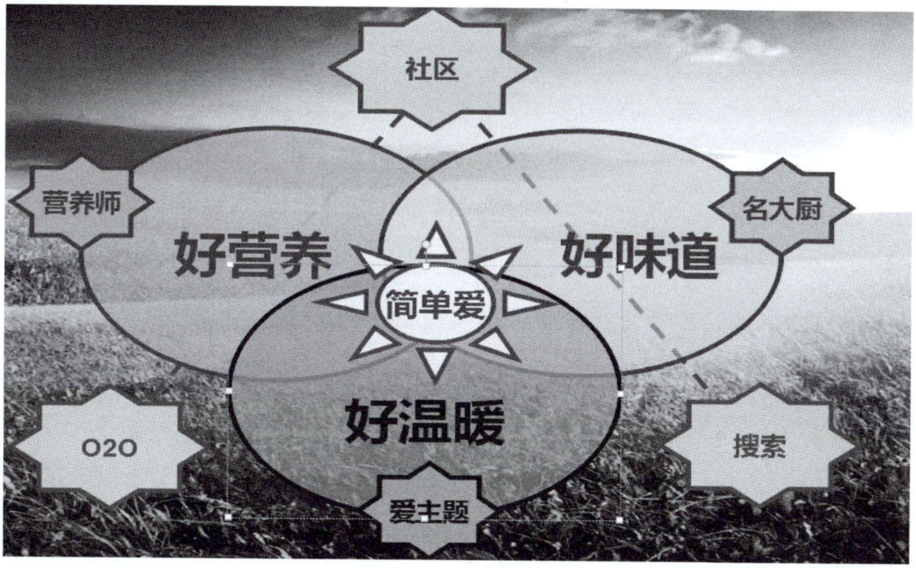

几两醋，翻几下，烧多久，就是这样。其实即便是名大厨给你一个菜方子，你做出来、我做出来的和大厨做出来的，味道也是千差万别的，但是有大厨教就是感觉不一样，因此我们要把感觉带到位，我已经把大师傅给请到了，已经手把手教你了，你做不出来，那这个问题就不能怪我们了。

第二是好营养。我们除了吃味道，现在开始注重什么？营养，养生，所以网站不仅有大厨，还有营养师，甚至网站在开发家庭营养套餐的搭配，客户可以把家庭的人员结构，包括身体健康情况这个资料给到网站，网站给制定个性化的搭配家庭的膳食系统，这样对客户的服务是个性化的服务。

最后一个卖点叫好温暖。什么意思呢？味道好了、营养好了，方便了，回家吃饭的次数就多了，团聚的时间多了，感情就好了。网络上之所以会出现“某某叫你回家吃饭了”的网络语言，就是因为这句话很亲切，中国人的家庭观念还是很重的，现在生活节奏太快了，让人们的家庭观念逐渐淡化了，但是永远无法抹煞人们对家庭温情的梦想，于是我们专注于人们对这个事情的梦想，我们提出了

“好温暖”的概念。简简单单的一个家常菜能够让家庭温暖起来，形成这种品牌的理念，因此我们在做活动的时候始终要穿透这个价值观的主题，让品牌在这个活动里面得以传播，这才能够让品牌落地到营销上面去。

好，设定好定位和卖点后，我们在网络、百度、搜索引擎里面去推广。同时我们也会在社区论坛里通过 O2O 的模式进行传播。这个活动我们在宽带山论坛里组织了第一波的活动，因为网站的菜品目前还不够齐全，通过第一波的活动发现转换率有些问题，目前正在准备产品线梳理。第一波的活动的主要目的是建立客户的基础量，同时通过客户体验，让客户对产品对品牌有一个认知。这个活动取得的效果是，活动开展了 7 天，产生了 13 万的流量（后面延续的还有）。13 万的流量获取了将近五六万的 QQ 号码和手机信息，产生了 2000 个以上的回复，也就是 2% 的回复率。这些效果是如何取得的呢？我们设了一些门槛，客户只要注册成为“简单爱”的会员，网站就送一份鳕鱼给客户，并寄到客户所在的公司（注意，不是寄到家里，是寄公司）。

再来看一下活动整体组织是怎么样的。活动主题是领鳕鱼、秀厨艺、奖 iphone6，这是三个内容、三个阶段，第一个阶段是拉注册，第二个阶段是立品

牌，第三个阶段是炒话题。从效果导向上来说，三个阶段的目的是要达到5000个注册用户。

第一个阶段我们基本上实现了2000个，我们以送鳕鱼作为福利，拉人头送“钱”放大人气，抢“楼”领螃蟹营造气氛，拉动注册成为购买用户。就是说在一定的时间内客户只要注册成功就可以领到一份鳕鱼，同时有60元的现金券（这60元的现金券不是可以直接拿出来全部用的，它相当于打了一个8折，只能在客户买多少钱的范围内折合抵多少钱）。注册成功后第1天至第3天，转介绍一名朋友注册的客户可以获得5元的介绍费，3天以后介绍费3元钱。但这个介绍费直接进入“简单爱”的账号预存费，这个钱进去以后还是用来买东西。前面我们要快速拉动气氛，所以包装一定要很漂亮，鳕鱼是一小片，但是包装要一大盒，为的是能够展示出一种视觉效果，而且在网站上展示这个鱼的时候是整盒装的，给人感觉很大。

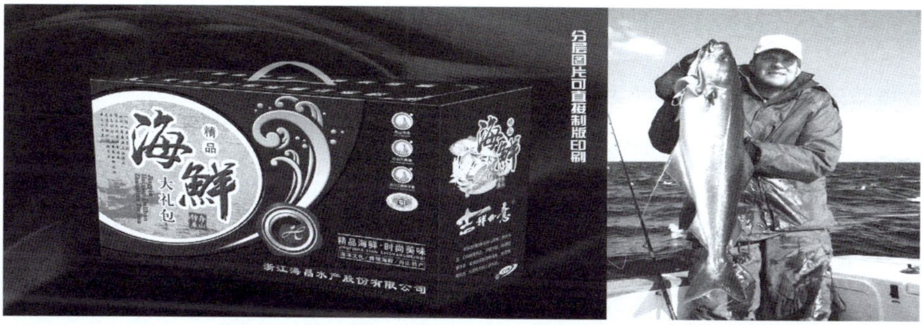

回帖有奖，就是这个帖子发出去以后，你回帖刚好是第8楼，然后到第28楼，以后每隔20楼刚好被客户搞中，我就送1公斤重的珍宝蟹（实际上珍宝蟹是“简单爱”网站的“整合”资源，找到一个卖螃蟹的赞助了300只螃蟹，为的是宣传螃蟹品牌，又节约了营销成本）。每个ID只能领不超过两份。回帖子的内容是有要求的，第一个要求是叫他回家吃饭的理由，这会增加一个帖子的可看性，第二个要求是他/她最爱吃的菜，目的是调查客户的需求，比如通过回帖，我们发现剁椒鱼头大部分人都很想吃，所以网站就重点推荐这个菜。

第一期还要在网站上进行预告："看本帖视频烹饪'爱疯了'爱心套餐并上传菜品图片的小伙伴，可获1千克珍宝蟹1份，可参与投票赢未来神机'iphone6'（上市即奖）。"传照片就可以获螃蟹，并且可以投票，赢未来的iphone6。

当时我们做完策划之后，给宽带山策划部门看，他们全部帮我改成上海话了，改成上海话更容易贴近客户。

Kds神福利：注册送海鲜，盖楼挣Money！

简单爱神福利：注册挣钱，抢楼领大螃蟹！

简单爱神福利：比滴滴打车还划算，注册发钱！

这就是标题。大家看里面的内容很清楚。

本期活动介绍：

1. 从3月16日到3月26日注册活动赞助商"简单爱生鲜网"会员可免费领鳕鱼礼包（160克鳕鱼1份+60元现金券）一份！配送地址必须为写字楼。点击这里立即领取：http：//www.jda365.com/passport-signup

2. 回复要求：内容包含1个"让他（亲人、情人、爱人）回家吃饭的理由+他/她喜欢吃的菜"。

3. 中奖楼层：每20楼为中奖楼层（8楼、28楼、48楼……依此类推），每个中奖楼层都可以获得1份珍宝蟹（约1000克），送出100份，送完即止。

4. 邀请朋友注册"简单爱生鲜网"会员领鳕鱼可获现金奖励：3月18日前（包含18日），每成功介绍1人完成注册即送简单爱5元预存款（金额可累计无条件购买简单爱生鲜网任何商品），3月18日后每介绍1人送3元。

参加转介绍点击这里：http：//www.jda365.com/passport-signup

注意：获赠名单将分期统一在本帖内公布，请及时关注哦。

这里面关于活动的介绍写得很清楚了，客户要怎么样做，点击此处，立刻领取，所以在活动里面号召人们去采取行动的时候，行动点要非常非常地明显和清晰才会有效果，然后要说得很明白，怎么转介绍也要指引得非常清楚。

导语标题：

【简单爱】爱疯了神厨大赛活动转介绍攻略

第一步：登陆简单爱会员

（如果已经登陆，此处提示“尊敬的XX会员，您已经登陆简单爱”；如果未登录，此处提示：“【请点击此处登陆】，您还不是简单爱会员？【请点击此处注册】）

第二步：复制下列内容，转发到QQ、微博、微信、各类群及论坛，即可完成转介绍：(二维码和链接会自动挂靠您的ID，统计转介绍，您转介绍完成情况点击“我的账号”查看）

论坛、微博、QQ、各类群转介绍链接：

http://www.jda365.com/passport-signup id=3456 cd=565

微信转介绍请扫右侧二维码按提示操作：

下期活动预告：

请注意，请注意,**请注意!**

学会以下视频内三道菜任意1道的做法，并烹饪出来拍成美图的，会获得更多超级福利！（画面下方放视频）

如果你人脉灰常好，那么你灰常、灰常、**灰常**有可能**免费**获得神机iphone6一部！

-----机会总是留给有准备的小伙伴，行动吧！4月1日愚人节将在kds宣布玩法，信不信由你！

所以企业在做宣传的时候，网络营销跟传统营销部不一样，你要更亲民，而不是更自我。为什么要有一个叫“转介绍页”的内容呢？要把网民当“傻瓜”，要教他怎么去传播，他才容易取得这么好的效果，这是攻略，有攻略介绍。所以在这个活动里，客户要怎么做都教得很清楚。甚至客户帮我传播的文案都已经搞

好了，他要做的动作很简单，只要点一下，他就可以复制内容去传播了。这是说第一阶段做的所有的准备工作。

第二阶段我们用 iphone6 作为福利引导，前一阶段肯定会产生一些购买菜的人，买菜的客户做饭后，以“爱的饭饭”的主题，就是客户跟家人吃饭拍一张照片就可以了，拍了传给网站，网站推广“爱的饭饭”活动，看看谁场面比较开心，比较温馨，这就是传播品牌理念。

具体怎么做呢？第一阶段的目的只是大量的注册，让客户能够体验到我的鳕鱼和我的服务过程，这叫“培养客户体验”。第二阶段我们要放大品牌理念，我的品牌是什么？简单爱，那就必须要把这个爱的氛围塑造出来，立品牌的重点放在哪里呢？

两条第1期活动规则延续：

1、4月1日到4月20日注册简单爱会员免费领鳕鱼礼包（160克鳕鱼1份+60元现金券）！

2、转介绍1名朋友注册的小伙伴可以获3元介绍费直接入简单爱账号预存费。

3、根据本帖视频学习烹饪“爱疯了”爱心套餐并上传菜品图片的小伙伴，可获1千克珍宝蟹1份，可参与投票赢未来神机“iphone6”（上市即奖）

原来的两条继续可以用，但我们要把客户买菜做饭得到的感觉传达出来，因此制定了一个新的活动规则，我们鼓励客户传，只要客户传就有结果。这种活动要即时获得，只要客户愿意干就能百分之百中奖，这就很重要，百分之百中奖，有近有远，这个拉动了以后，同样也会有相关的文案去配合，标题也就发生了变化。

标题（第2期）：

神福利2期:晒亲密美食照，赢爱疯6手机！
男神、女神装备 “爱疯6手机”拉票就送！
神福利变本加厉：送鱼送钱还送iphone6!

第三阶段我们炒话题，热点事件永远存在，要根据当前热点来炒作。当时我们策划以“来自星星的你”作为热点事件来炒。现在又有新的热点出现了，将“虚无缥缈的爱情”与“朴实温暖简单爱”碰撞，起到品牌传播的效果。

第二阶段我们是让客户传照片，第三阶段就炒作文化。开始围绕“来自星星的你”来讨论，传上来的照片有一部分是网民传的，有一部分是我们自己策划的。我们就选那个特别帅的帅哥，他下厨房做菜了，有一些女性觉得叫都教授那样的人下厨房做菜，好，有型，很喜欢。但也有一些人就觉得不好，从而引发讨论，在论坛里就是这种思路。

（3）团购、打折网营销

除了论坛之外，团购网和打折网也是O2O一个重要的渠道。这两个渠道操作起来比较简单，就是把产品放到团购网上去团购就行了，动作很简单，但企业要思考清楚怎么来转化和衔接，最终目的是团购完了以后能够产生效益。这跟团购产品本身的策划有很大关系，企业选什么产品去团购非常重要，如果这个产品能够让客户对企业的产品和服务有很好的体验，同时对未来其他的服务有一个憧憬和拉动，就是好的产品。比如说美容产品里有一系列的东西，美容院可以先让客户从割双眼皮开始，双眼皮一割，果然眼睛有神很多，接下来鼻子再一挺就好了，胸部再弄一弄更漂亮了，肚皮再减一减，小蛮腰出来了。割双眼皮可以团购，割双眼皮市面上顶级的割法1万元割个双眼皮，我们公司只需要1000元就可以割，而且割出顶级的水平，不信试试看。果然效果很好。接下来我们又有其他的服务一层层推进。

团购网比较适合于服务行业，美容、水疗还有餐饮行业，就是地面式体验的服务。还有一些电子产品，但是我觉得最好的还是服务行业。像餐饮行业，客户去这个店吃过觉得好吃，不打折也会再想去吃，如簋街小龙虾，我就算知道它有重金属，但是的确好吃，以后肯定还会去吃，每个月就吃一次。吃完小龙虾后，又开始吃旁边的火锅了。所以O2O营销要有一个很好的导入，导入以后，团购网还要有一个很好的地面店，团购网能够关联到地面店。

所以越是地面店服务比较密集的连锁区域性的团购效果越好，因为它能够落地，所以企业要做团购，要在全国范围内选择覆盖面比较广的，比如火锅就要在重庆选择一个好的店。然后宣传一定要非常到位，图片要客户看了以后就想吃的感觉，然后味道和环境要做到极致。

大家看，这个感觉就比较特别，里面的环境又比较优雅，有钱人不一定喜欢。南京有一个大排档环境不错的，很有特色，里面还有大鼓，挺好的一个地方。所以吃饭就吃环境，吃的是味道。落地之后引导，团购有个券去吃，吃完以后，我是雨花西餐厅的会员，我在那里充了无数的钱了。每一次去它都吸引我，我只要吃超过 200 元，他就一定会送一张 50 元的卡给我，吃 200 送 50。但是 50 元的卡有个特点，真正给我用上的可能就 1/3，因为周期很短，这个卡过了一个礼拜或十天就失效了，对于那些不经常来吃的人就只能享受部分优惠。但是它能把你反复拉来，拉动力度很大。

这个火锅店把论坛社区跟网络销售平台结合在一起。在论坛上发信息，搞活动，然后进行二维码营销，把客户拉进微信平台，他们有一个活动叫做火锅送上门。比如白领在办公室吃中午饭都是吃盒饭，吃厌了，想吃火锅，可以 5 个人团购，锅端过去，菜也端过去，白领吃完了以后，再把锅拿走，目前他们重庆市的推销效果还是不错的。所以团购网主要是采用线下拉动靠体验让客户长期反复产生消费。

团购网在做的时候要注意两个部分：第一个部分是在选择这个鱼饵产品的时候，要选择物流简单、客服压力小的鱼饵产品，团购网比较容易接受。第二个是活动流程需要进行客户筛选以及利润产品的导购。团购产品肯定是微利产品，鱼饵产品如何变为利润产品，中间要有一个导购，还有整个促销成本要注意。所以有些美容院其实也蛮困惑的，到底做不做团购呢？一做团购，美容院美容师是有限的，来了一堆客户忙得要死要活的，但是忙完以后又没什么后续，搞完了就走了，怎么办呢？他们现在聪明了，他们现在还做团购，但是团购产品主要是一些快速能够得到处理的服务，很快就可以搞完的。它后续的体验服务的处理方也不一样：一种是看了不对劲，快速处理就走人；一种是看了对劲，慢慢处理成交。通过店内的分流机制来加强转换率和过滤客户。

美拍为什么这么火：

美拍 iPhone 版上线仅 1 天，即登 App Store（苹果应用商店）免费总榜第一；香港、澳门、台湾、马来西亚等多个地区总榜第一。

美拍的用户关系借助了社交媒体。目前其提供新浪微博或 Facebook 账号登录，用户可以导入新浪微博、Facebook 和手机通讯录的好友，同时也可以一键邀请微信好友。除了通过社交分享扩大影响力，美拍还添加了类似游戏的解锁模式：除了普通 MV 特效外，美拍还推出“巴塞罗那”、“Juno”、“Clash”三种锁定 MV 模式，用户需要推荐美拍到微信朋友圈才能解锁该效果。

5. 微博营销攻略

微信的朋友圈，个人微信加粉的上限已经改到5000人，微信之前也不是公众化，现在要公众化更困难，因此，微信是个人号的价值大于公众号的，甚至很多人只做个人号，不做公共号，为什么？公共号非常严格，限制很多，要受到很多规则的限制。说远一点，腾讯的马化腾，在做微信之前，已经是完全看到新浪微博的前车之鉴，新浪微博是一个纯商业化的、纯开放式的平台，活跃度也好，用户也好，经过这几年下来，大家觉得微博的力量或者说作用越来越弱、越来越小，因此微信不可能是一个完全开放式的，可以让我们的企业拿来做营销的平台。所以说包括微信也好，新浪微博也好，社交媒体在逐步地消失。接下来这波社交红利最大的好处，或者说最大的作用将会落到哪个企业身上，将会最终落到做消费者产品的这些企业，而不是做企业产品的企业中。

微信从去年开始已经大规模地清除了很多所谓的营销账号。这些营销账号动辄粉丝都是几十万、上百万的，全部清除出去。这些营销账号是从哪里来的？从新浪微博转移过来的。这些营销账号在新浪微博干什么？在拼命刷广告，往往这个广告后面会跟一个网址，这个网址基本上很多流向淘宝店铺，现在店商也站队，腾讯跟阿里水火不容，如果说跑到微信里，把微信的流量带到淘宝，你觉得马化腾不会搭理吗？包括今天微信支付，可能调用支付宝的接口吗？不可能。所以说还是这句话，做微信营销也好，包括微博营销也好，社交媒体要看你自身企业的经营现状，不要盲目的经营，没有意义。

微信今天还是一个半封闭式的平台。即使接下来要商业化，也只可能是腾讯自己来做，现在很多人做朋友圈做得非常好，有一个朋友，跑到泰国旅游，旅游的时候发现泰国有很多佛牌，拍了发到朋友圈里面。国内有人看到这个信息就觉得是商机，马上通过微信联系到这个朋友，然后要求把这个佛牌寄到中国国内来卖，这个人只需要联系泰国生产佛牌的厂家，让厂家直接把货发国内，就可以赚取中间的差额。京东商城跟腾讯已经合作，京东商城的平台上到微信平台，可以通过微信直接购买。说一大圈转过来，微信这个平台即使有三块，也是由腾讯自己来做的。

接下来给大家分享一下企业的微博营销。新浪微博是从 2009 年 8 月份正式上线开始公测，其后有搜狐微博，再后来 2010 年的时候腾讯微博正式上线。实际上中国大陆市场微博这一块社交媒体没有微信之前是这三家企业在拼，拼到最后，新浪微博的活跃度是最高的，忠实用户最多的是腾讯，QQ 绑定开通这个腾讯微博，但活跃度不太高。所以说最有价值的还是新浪微博。自从马云收购了 18% 的股份之后，2014 年新浪微博已经在美国上市了，把名称也改了，也就是新浪微博了，改成微博，从新浪网独立出来了。所以说企业微博营销主要去探讨分析研究的就是微博，叫新浪微博，腾讯微博这些我们都不管，基本上搜狐微博已经看不到，已经死了。

(1) 企业微博的基本设置

企业微博营销也是有方法有技巧的。前面已经讲了很多微营销思路的操作，微营销的思维，接下来就讲讲操作方面的东西。

企业做企业微博需要有一个系统性的架构，不是说企业去申请微博、加 V 认证就完了，而是要在微博里构成微矩阵，涵盖了以下的微博：第一个叫企业官方微博，这个肯定要有，是要加蓝 V 认证的。第二个是品牌微博，现在但凡社交媒体做得好的品牌都有这些微博。第三个是产品微博。第四个是专业知识微博。第

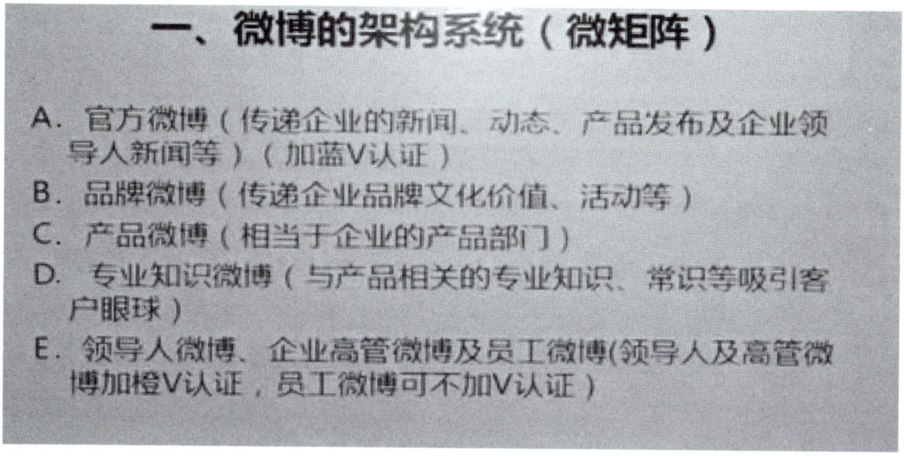

五个是包括企业领导人微博、企业高管微博、员工微博全部要开通。所谓的微营销，就是企业全员参与，否则就别想把微营销做出来。企业只招文案、招活动策划，然后每天搞活动、搞文案，是不可能做好的，必须要企业全员参与进去。

做了企业微博，要加 V 认证。加 V 认证，不仅仅是实名制，现在互联网传播、电信都在朝实名制方向。更重要的是提升企业微博的公信力。如果说一个企业微博，申请之后不加 V 认证的话就没有意义。微博认证有几类，一类是橙 V，这是个人认证；第二类还有一个蓝 V，是企业认证；第三类，红色五角星认证，是达人；第四类，标志右下角会有兔耳朵一样的，这个叫微博女郎，很多女孩子可以去申请认证微博女郎。实际上所有的操作方法都是一环扣一环，前面不认证的话，对后面是有很大影响的。企业微博只有申请认证，并获得认证后才可以把企业公信力展示出来。

下面谈谈微博的基本设置，第一步，企业或个人微博的定位。企业微博包括个人微博，要先进行定位，不是随便想个名字就完了。基本上要符合这个认证。企业微博及个人微博起名字也是有技巧的，一定要用企业的姓名加上行业，或者加上产品，尽量不要超过 7 个字。如果超过 7 个字到 8 个字 9 个字，一长串，好像在百度里面投这种炒股关键词一样，很难搜到。最好 4 个字就可以了。品牌微博，品牌加行业加产品，6 个字以内。比如说什么是品牌微博？比如联想跟海尔这些大公司，它们会有联想的笔记本电脑，联想 PC 或者是海尔电冰箱，这就属于品牌微博。在企业自身品牌影响力不太大的情况下就不要指望客户可以直接通过名字去搜你的微博了，客户多半通过行业产品搜，再把你的品牌名称带出来，包括在百度里边，用百度搜索。实际上有些大企业的品牌要比行业知名度高，所以说这个时候流量就从行业关键词通过产品关键词转向了品牌关键词。但是前期中小企业千万不要认为搞这个品牌名称一上去客户就会搜，他一定在这个搜索框里面搜索行业关键词，品牌关键词，然后对应到企业网站。

因此，企业微博名一定是企业名称加上行业，再加上产品。还是前面讲的，企业领导人如果不是名人、企业还不是品牌企业，客户搜的时候不会通过品牌、通过企业名称搜，只会通过行业产品来搜。客户搜索过后，没有发现你的微博的话，企业就不会展现在客户面前。

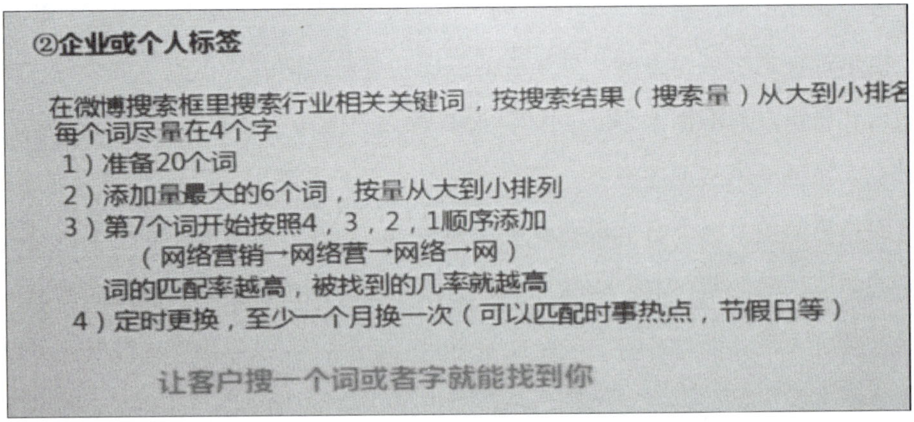

实际上我们说电商所有的推广方式，像百度的竞价、SEM，还有微博、微信营销，包括淘宝、天猫，包括论坛所有的这些东西，电子商务，网络营销最终解释下来落到实处就 5 个字。哪 5 个字？流量转化率。企业业绩等于推广量乘以成交率乘以客户价值，所以企业应该先提升的是成交率，再根据成交率规模性地扩大推广量，因此电子商务最终就是流量转化率。企业任何的推广方式就是为了吸引流量进来，然后让它们做转化率就行了。

第二步，做企业或个人标签。首先在微博的搜索框里搜索相关的行业关键词，按搜索量结果从大到小进行排名，每一个词基本上在 4 个字，一定要搜出来超过 20 个词。微博里面有个搜索框，搜索框会显示搜索相关词的实时微博，有多少都会显示出来。但是很复杂，点几遍才会看到。所以建议就在百度里搜。20 个关键词，关于产品都可以。按搜索量从大到小进行排列。其次，在企业版的微博就按找的这些关键词从大到小一次把它添加进企业标签，把搜寻出来量最大的关键词按量大小进行排列，前边 6 个词，正常的添加，等到第 7 个词的时候就要按 4、3、2、1 顺序添加，即网络营销 4 个字、网络营 3 个字、网络 2 个字、网 1 个字进行添加就可以了。再次，在标签里面添加完了之后，匹配概率越高，企业微博被客户找出来展现的概率也越高。和投百度竞价是一样道理，先要展现，客户看到才会点进去，点进去之后进到网站才会循环，循环完之后根据转化率才会下订单。最后，还可以准备更多 30 个词，企业要定期更换，至少一个月换一次，可以匹配到热点，比如说，微博上前段时间最火的就是都教授，就是《来自星星的你》，很多企业就把他标签添加都敏俊、啤酒和炸鸡，这就是典型的微博营销。

微博营销有一个非常著名的案例——杜蕾斯，这个案例在外人看来是正好碰到的事情，但其实是杜蕾斯的品牌部精心策划的营销。

2012 年 7 月，北京下了一场大雨，地铁都停了，有一个女孩子干什么事情呢？她在路上，下大雨，地上很多水，交通工具都不开通。她只能跑回家，一看这个脚上穿了一双崭新的布鞋，如果趟水回去，这双新的布鞋就没有用了，女孩子发了一个微博，她说幸好包里还有两个杜蕾斯，包包打开拍个照片，然后把包装一撕破，两个拿出来往鞋上一套，然后就跑回家。这条微博在新浪微博里面被转发评论超过了 5000 万次，这是什么概念？这种推广营销有没有收流量费？没有。大家自然传播，每一次评论和转发相当于都是对杜蕾斯这个品牌受众传播，免费传播5000万次。如果说企业把这5000万次传播化成真实线下的，或者线上要花钱去带来的流量，至少上百万。后续还有一系列的微博，她回家之后又拍照发微博，回家了，把杜蕾斯一拿下来，这双鞋一点都没有湿，然后她还把杜蕾斯拿到水龙头接水，一滴都不漏，符合杜蕾斯产品的特性，这就是品牌传播。我们的企业有没有想到的？很多的企业在做都教授的时候，只会喊一句“都教授，救我”，没有意义，要贴近时事热点。当然做实事不要搞反方向，比如说前段时间马航370失踪了，企业要是发个标题，马航370怎么样，我公司产品怎么样。那样企业有可能一辈子都翻不了身，背上骂名。

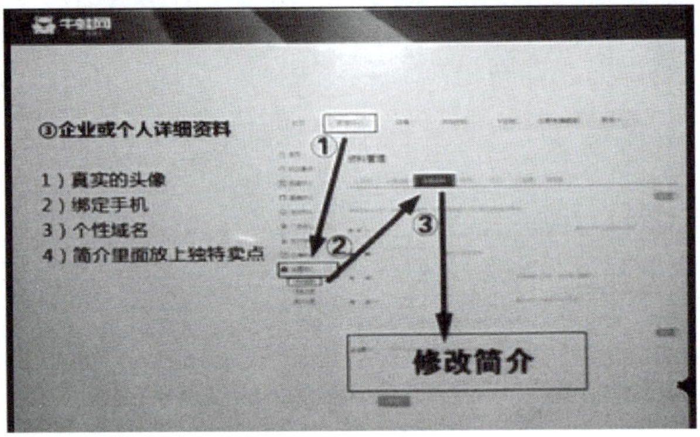

第三步，要做企业或个人详细资料。在微博有一个管理中心，管理中心有一个详细资料，会有企业简介，企业简介要放什么内容？不是放关键词，是放企业的独特卖点，独特卖点能够吸引客户流量，客户在海量般的企业网站和微博里选择，有独特卖点够吸引的才能把客户留住。接着就是真实的头像，不要考虑卡通头像、性感美女的照片。今天社交化的媒体已经在逐步回归本身，因此要用真实的头像，绑定手机和个性域名。

第四步，页面和模块设置化。企业微博相当于企业在移动互联网上的网站。这是新浪已经把这个模块做好企业直接添加就可以了。头像是企业的logo（标志），

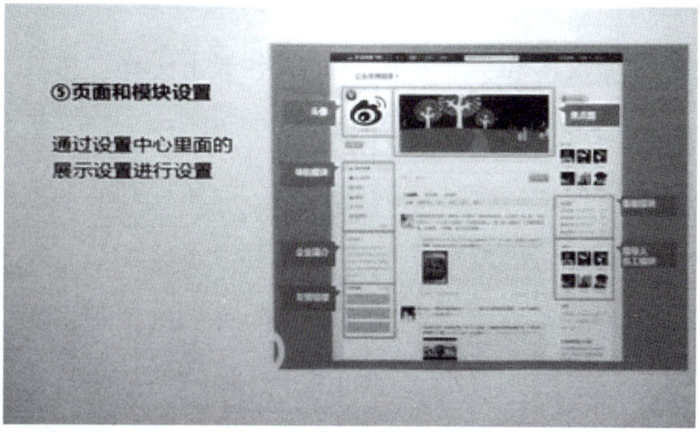

焦点图可以做，导航模板、客服模块、领导人的模块，企业已经全部布局好。在这个设置里有一个自定义模板设置，图是我们提前做好的，然后从本地的文件里面选择就可以了。还有一个封面图，也可以自定义，你看这个封面图是什么？就是把一个产品直接发出去了，在微博里。这都可以自定义的。并且美工把图片做好之后就可以在上边呈现。当然微博上面会给到相应的条件限制，比如说像素大小、规格大小，按微博的要求就可以了。

（2）新浪微博排名技巧

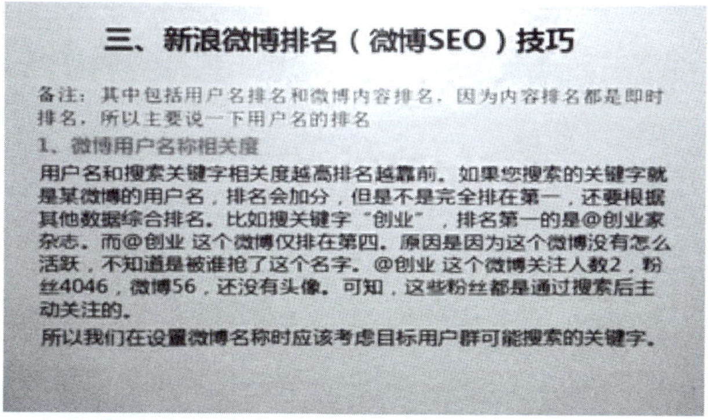

三、新浪微博排名（微博SEO）技巧

备注：其中包括用户名排名和微博内容排名，因为内容排名都是即时排名，所以主要说一下用户名的排名

1、微博用户名称相关度

用户名和搜索关键字相关度越高排名越靠前。如果您搜索的关键字就是某微博的用户名，排名会加分，但是不是完全排在第一，还要根据其他数据综合排名。比如搜关键字“创业”，排名第一的是@创业家杂志。而@创业 这个微博仅排在第四。原因是因为这个微博没有怎么活跃，不知道是被谁抢了这个名字。@创业 这个微博关注人数2，粉丝4046，微博56，还没有头像。可知，这些粉丝都是通过搜索后主动关注的。

所以我们在设置微博名称时应该考虑目标用户群可能搜索的关键字。

新浪微博排名包括用户名排名和微博内容排名，因为内容排名都是即时的，微博大量每天大家都会发，前一秒跟后一秒内容都不一样，可能又会上升，因此本书只从用户名这方面告诉大家怎么去做。

第一，微博排名跟用户名称的相关度有关，前面提到首先要把微博用户名称做好，如果企业微博用户名称只做品牌不做行业，不做产品，就没有意义。用户名称和搜索关键字相关度越高，排名越靠前。关键词分了很多类，行业有行业的核心关键词，产品有产品的关键词，比如说企业网站，如果说想在百度里百分之百呈现出来，关键词最容易把它触发出来，百分之百精准匹配。只要你相应地对企业名称做 SEO 优化之后，显然是可以的。在微博也是一样，客户在搜索关键字，跟企业用户名的相关度越高，排名越靠前。所以微博里就有个资源性的东西了，大家会发现新浪微博里昵称不可以重复，而腾讯里面是可以的。因此在新浪微博里，比如说我起了一个“张三”的昵称，别人就不可能再起这个名，只能用“张三四”或者“张三五”这样去起。那按照这样来讲，我们可以把企业微博名称改成什么名字？其他先不考虑，按照这一条规则肯定会改成行业里面最核心的关键词，客户一搜，马上触发。但是今天基本上不可能。这一波风潮已经在 2009 年新浪微博刚刚上线的时候很多人注意到了，已经把这些关键词全部抢注掉，甚至有些抢注后，微博只发了几条，就什么都没干。因此只能按照企业、品牌名称加上行业或者产品，如果起个其他的如卡通的名字没有意义，客户不会搜到。

如果说搜索关键字，企业的用户名排名就会加分。但也不是完全排在第一，还要根据其他综合排名。比如说有一个杂志，叫“创业家”，做得很好，但在微博里搜索关键词“创业”，排名第一的是@创业家杂志，不是@创业。@创业这个微博仅仅排在第四，是因为它的活跃度不够，它只是单纯进行了这个关键字的抢注，没有发微博，也没有跟粉丝互动，“@创业”这个微博关注度只有 2 个，粉丝只有 4046 个，微博发 50 条，还没有头像。所以说排名就会降低，而@创业家杂志来讲，就是几十万的粉丝，排名最靠前，所以我们在起微博名称的时候应该考虑客户群体、目标用户群可能搜索的关键词，把这些关键词加到企业名称里面去。

第二，已关注用户排名最靠前。这是很显然的，你关注过的用户排名最靠前，而在已关注用户中的再次排名，规则和总的排名规则是一样的。比如说这微博里有关注，你关注别人之后再同时进行搜索，这个人的微博就会展现在前面，这就是社交媒体相互关注的效果。

第三，微博粉丝、关注数和微博数。首先粉丝越多关注度越靠前，这个指标对排名影响是比较大的。但是还有一个反向的是关注数越少，排名越靠前，当然这个影响度比较小。其次发的微博数量越多，说明微博用户比较活跃，排名就越靠前。在相同粉丝数量的情况下，就会通过关注数和微博数进行排名。比如说 A 和 B 微博粉丝数都有 10 万，但是 A 微博天天在发，而 B 微博几乎没有发信息，这个时候客户一搜排名，A 微博靠前，B 微博在后面，就是因为 A 微博活跃度高。最后为了提高排名，要增加粉丝数量减少一些关注，多活跃发微博。当然这里一般是为了增加粉丝数量，企业最终要的是流量转化率，不能单纯为了增加粉丝数量就花钱去买粉丝。在淘宝里搜，买粉一大把。一块钱多少粉丝？一块钱加 1000 个粉丝，10 块钱 1 万个，100 块钱可能几十万，对不起，那里面全是僵尸粉。作为企业来讲，做微信也好，做微博也好，关注的人越多，真实有效，做活动才越有效吧。那僵尸粉都不上线，天天在那边喊“这个产品好，宇宙无敌”是没有意义的。所以说企业不要做这件事情，千万搞清楚为什么做，不要自欺欺人，没有意义。

第四，微博的简介标签。如果微博简介和标签中也有关键词的话，排名会靠前，如果微博质量高的话，即使用户名称中没有关键字也可以获取较好的排名，同时也方便别人通过标签的搜索，所以标签和简介设置是非常重要的。

第五，认证后的微博在同等情况下排名会靠前。新浪微博认证，一般权重是这样来进行分布的。比如说我搜这个相关行业关键词，就会跳出几个类型微博，排在第一位，一定是加蓝V的，就是企业微博加蓝V的。排在第二位的是加橙V的，个人微博；排在第三位应该是微博达人或者微博女郎之类的，后面是没有加V认证的。因此企业微博认证之后的作用一是提升公信力，二是对企业微博的排名也是非常有作用的。

第六，微博内容质量、转发评论数等。微博内容的质量越靠前，排名就会越靠前，转发评论数量越高，排名也是越靠前的。

现在来总结一下微博排名规则，看看客户在搜索关键词的时候企业微博的排名怎么靠前。第一个要名称设得好，带上相关的行业和产品。前面说过，今天企业想在微博里面抢注行业相关的已经不可能，很多人已经把它抢注完了，像广东那边很多企业为一个名字还打官司。有的名字好被抢注了，但是有可能找新浪微博可以申诉，通过提供相关的营业执照也可以拿回来，但是很麻烦。第二个还要干什么？除了名字好，名称、标签、简介设得好之外还要干什么？微博一定要比较活跃。不能天天不在那发，排名肯定不会靠前。粉丝越多，每条微博转发频率越高，排名就越靠前。

（3）微博发布技巧

微博发布格式

首先一条正题内容要有两个“#”号，中间加一个话题，比如做眼镜批发的，那就可以用“#眼镜批发#”话题的格式，再用这两个符号，中间加上这条微博的标题。这实际上相当于企业在投百度竞价，先写标题，下面要有创意文案，话题就相当于投的关键词，标题相当于呈现在百度竞价的标题，再下面是内容，相当于百度竞价里的创意文案。所以说很多方式实际上是相通的。一条微博怎么样才不会白发，后面一定要@人，@谁呢？@企业想吸引关注的人，包括一些意见领袖的人。一般不要@太多，@3个人就差不多了，意见领袖、行业大佬或者知名人士。还要加上网址。目前就新浪微博可以放其他相关网址，点击这个网址可以链到企业的网站，或者淘宝或者天猫或者视频都可以。最后肯定是要加上图片，并且图片一定要和内容相关的。现在很多人为了吸引别人点击经常在内容下面放上美女的图片，稍微诱惑一点，性感一点，吸引很多人点，但是点了看一次两次，第三次还是这样，别人还会不会点？人家知道账号里面内容是垃圾就不会看了。

这里要注意两点：一是不要一上来就发广告，要先吸引住粉丝，否则很容易被取消关注。包括微信也是一样的。二是发的内容最好是告诉客户结果。举个例子，比如说有些做保健品，或者做化妆品的，他告诉客户晚上11点前要睡觉，有两种方法，一种是说到了11点还不睡觉，就会怎么样；另一种是说晚上11点睡觉有哪些好处。前面只是在讲会引发的相关内容，但是后面说的是个结果，客户就比较容易喜欢去看。

微博发布的规律

企业微博和微信不一样，微博是拿频率量来说话的，因为微博要活跃，一天只发一条，跟微信的订阅号一样显然不行。每天坚持去发，最少10条以上，有些企业微博做得比较厉害，一天20条，有部门专门管这个，一天20条、30条都有。但也不宜太多。有的企业说活跃度要高，那一天搞100条行不行？如果这样做的话，用户可能全部取消关注。因此一般开始做企业微博时，每天保持10条左右频率就差不多了。

发布的时间多在碎片时间发送，比如早上7点半到9点，中午的12点到2点，晚上8点到10点，移动互联网的用户上网多半是用手机和平板电脑，他们使用的时间段多半都是在碎片时间。但有人说员工怎么可能早上7点半起来发微博呢？有可能的，只要企业把工作安排好就行了。

所发的微博格式和内容一定要标准化，持之以恒。内容上不要东搞一下西搞一下，否则客户对微博形不成长远的印象。你一出来就是话题标题怎么样、内容怎么样，@人、网址、图片这些东西，客户一看就很清晰要说什么事。

建立微博内容素材库。有人说，一天发10条微博，一个月下来就要300条微博，甚至有些企业一个月下来发上千条微博，哪来这么多内容？并且都要原创，今天是内容为王的时代，想破头也想不了一天10条不一样的微博，怎么办？有三个办法，一是在微博不够影响力之前，可以在微博搜索框里搜索行业相关词或热门搜索同行好的内容，复制过来作简单的调整。比如别人有什么好文案，把这个内容拿过来结合自己现实的企业实际情况作一下微调。二是发动员工，企业全员要参与微博营销，员工每天不断积累微博内容，一个月最少积累在1000条以上，微博发完，循环使用。三是建立三个文件夹，一个是专业知识文件夹，一个是品牌知识文件夹，一个是产品知识文件夹。采取“433”原则发布，40%品牌，30%专业，30%产品。企业的官方微博主要用来做企业的品牌售后传播，它是引流量的，所以一定要40%的精力在品牌上面，比如360的微博就是这样子，原则很明显，40%时间都在说360怎么样；30%时间是杀毒或者说是这个行业的专业；还有30%，很小一部分的比例才是相关的产品。这是我说微博发布的规律。

不能发布的内容

企业官方微博不要去发布以下内容，第一个，没有被证实的，不要发布。企业不是媒体，转发500次以上是要承担责任的。第二个不要发布有攻击性的内容，不要在微博上跟别人打仗。第三个不要发布有关宗教信仰的。第四个跟色情相关的也不要去发，比如说一个企业的官微认证，粉丝十几万几十万，上去发个色情的东西，别人对企业品牌就会有一个坏的印象，况且法律和道德层面也不允许。最后一个跟政治敏感的话题不要去发，政治方面的话题与企业官方微博的内容没有太大的关联，所以这些内容不要去发。

如何打造热门微博

接下来这个内容很重要。前面大量的基础工作做完，到这一步就是技巧了：如何打造出一条热门微博。

打开手机微博，会有一个热门微博，但是如果做企业的微博，企业微博永远不可能出现在这里，因为新浪微博娱乐明星的粉丝是最多的，娱乐明星发的微博通常有上万的转发，而企业的一条微博通常不可能做到上万次的转发。

所以热门微博出现在哪里呢？在微博搜索框里搜索相关的关键词，在最上面的部分，就相当于热门微博，比如搜索“眼镜”的视频，就出来了相关的搜索结果，搜索结果在上边，下边有一个“查看更多的热门微博”。而这个频率的转发，这条微博转发才多少？151，这个频率才 41，出现在相关的关键词搜索下。实际上热门微博相当于百度推广竞价的位置，下面的一些实时微博相当于百度快照的位置。怎么上热门呢？

第一，微博一定要排在前面。展现非常关键，每个版面只有 3 条热门微博，然后还要点击才能查看更多的热门微博，一条微博如果说迅速被拉高，就是转发和评论的量一下会拉高，就会变成热门微博。

第二，具体的操作技巧。文案做好写出来，第一条要用企业官方微博来发。企业其他人员负责转发和评论。为什么要用官方微博来发？因为这件事情最终的目的是为了打造企业的品牌，引流，所以说转发一次相当于就@了官方微博，客户就都可以看到了。怎么转发呢？前面我们建立了微矩阵，有几个类型的微博，第一个是官方微博，第二个是品牌微博，第三个产品微博，还有企业的领导人微博，这是意见领袖，高管的微博，包括员工的微博，然后，品牌微博的转官方微博的，产品微博转品牌微博，专业微博转品牌微博，领导人微博直接转官方微博，个人微博直接转官方微博就可以了。如果企业要把品牌微博做起来，官方微博转品牌微博就可以了，接着领导人微博转官方微博，高管微博转领导人微博，员工微博转高管微博，依次进行。这样来做的话，才会有一个层次，才能够把官方微博、品牌微博跟领导人微博做出来。领导人微博，注意，在新浪微博里营销领域是很重要的，往往很多企业的领导人微博做出来之后就相当于在这个行业里或者类似于这个行业产品里的意见领袖，所以说每个企业的领导人的微博是非常非常重要的，一定要去花心思做起来，企业领导人在这个行业、企业做十年、几十年，为什么不可以做个意见领袖？这个也是可以给企业带来业务的。在这里，通过转发和评论如果上了第一位之后，过一段时间别的微博会上来，降下来之后再转一次，但是建议不要太频繁。

第三，再看一下操作建议。首先今天这个时代，企业一定要建一个统一的微信群，统一指令，全员参与。换言之，做微博营销这个事情肯定是要有专人来负责的，要统一调配，10 个员工或者几十个员工，如果只是单独转发，当这个微博，要重新弄的时候，难道每个人单独通知发？所以说企业要建个群统一进行指令。其次员工较少的企业建议一个人开通多个微博互转。再次，做好传播规划，集中火力做设定好的关键词。这里就和前面微博发布的格式对照起来，为什么每个微博前面要有一个话题，就是要做这个关键词，实际上微博跟百度的客户搜索相类似，只要记住，客户是通过什么方式找到企业的，企业就集中做你的营销也好，所有推广策略也好，就集中去满足客户的需求。最后做好政策，员工为什么有激情做这件事，企业肯定要做好相关的政策激励，否则员工等于白干了。重奖之下必有勇夫，相应的绩效，也可以拿现金来奖。

如何用微博与客户达成互动

微博与客户互动的基础就是转发、评论和@。第一，是转发的技巧，这里直接就把增加与客户互动的话术给到大家：“核心话语加上企业的观点，你认为如何，我们一起交流一下，我想听听你的意见，我们对你的观点很看重。如果你发表观点的话，那我非常感谢”。任何人看到你@他后面写这样一句话，会不理你吗？如果说有一些只是@一下别人，或者只是随意地说说话，别人觉得你没有诚意，肯定不会理你。

第二，转发@不要超过3个人，A可选择业界领袖，B可选择公司的领导，C可以选择企业品牌微博。第一个为什么是业界或者意见领袖？移动互联网社交媒体基于人与人之间相互信任的圈子式的传播模式，所以说每个人后面都有庞大的粉丝。微博里面，企业@业界领袖或者说意见领袖，这些人的粉丝很多，动辄几十万上百万。当年“微博女王”姚晨，有1200万的微博粉丝，我们专门找新浪内部人士对她那个微博进行商业价值的评估，她的一条微博在当年是价值百万。就一个厂家，如果我们让它做一条微博出来让她转发一下，就要100万给她，一点不夸张。为什么？因为她微博数据是1200万，她转发一次，1200万粉丝可以同时看到，并且敢保证，像姚晨这样的“微博女王”，她的粉丝都是叫“活跃粉丝”吧，里面有没有“僵粉”——应该有，但是很小部分。但是说有1200万粉丝，就要我们给她100万，太夸张了。但是你有没有考虑到，这1200万人后面还有多少个1200万人？新浪微博的注册用户已经高达5个亿，传播品牌就在这里。所以说@意见领袖、业界领袖，传播速度会比较快。第二个一定要@公司的领导人微博。企业做微博，主要就是把领导人微博跟企业的官方微博做上去，别人一转发等于又@了一遍，更多人看到，企业的微博也是一样的道理。

第三，企业需要类似意见领袖的人的帮助，就一直@他，引起关注，企业不要指望有些人在微博里做得比较好@他就能关注企业，但他也会迟早被企业的坚持所打动的。

第四，评论技巧，一定要写清楚行业或者类别。写清楚感谢，人都是喜欢听好话的，古语说“伸手不打笑脸人”。然后写清楚观点，这很重要。还有，主动评论粉丝比较多的，一个有影响力的微博，有很多人评论，不管怎么样，总有那么十几个人或几十个人在“求互粉”；对于不好的评论，你千万不要删，要正面地解决问题，如果直接删除，就叫欲盖弥彰，越删别人越觉得有问题，企业还不如直接去应对，跟他讲具体的例子，正面解决问题。

最著名的事件是什么？2010 年到 2012 年的时候微博很火，罗永浩在微博上也算是一个意见领袖，经常和方舟子在微博上打口水仗，之后就慢慢成为意见领袖。罗永浩家的冰箱是西门子的冰箱，用了一段时间之后，他发现这个西门子的冰箱门有问题，就在自己微博上发了一条微博，说我家里面用了什么型号的西门子电冰箱，用了一段时间之后冰箱门好像怎样怎样，然后@ 西门子售后服务的微博，好，@ 完了之后，他这个微博一发，他的粉丝看到之后就转发和评论，评论的时候有一些粉丝就说用同一款冰箱正好是一样的，也同样@ 西门子售后服务队伍。一般这种问题出现得比较明显的时候，西门子官方就要站出来解决问题，跟罗永浩联系，线下联系了罗永浩把冰箱做检测，但不好的地方是，在做完这个检测之后，西门子的售后服务官方微博就@ 罗永浩，要他把这个事情公之于众，跟大家说清楚经过检测确定冰箱门不属于产品质量问题等。这条微博一发出来，@ 罗永浩，@ 这个公众人物的粉丝，一下就把罗永浩搞火了，就继续在微博说，说了一大堆。最终西门子的官方微博还没有站出来，罗永浩号召了一些粉丝把这款冰箱直接拖到了西门子家电中国区总部的厂门口，直接用锤子把冰箱砸掉，现场拍照并发微博。大家想想，这样一砸，传播开来对西门子这个品牌有没有影响？肯定有影响。成千上万次、上百万次的转发，最终逼得西门子家电重新注册一个微博，专门站出来道歉了，这个事情才慢慢平下去。如果说当时在说这个问题的时候，你就正面去进行回应，后面就不会这样了。所以说千万不要删负面评论，一定要正面去解决。最关键是要端正态度，不管多大的企业或老板，放低身份才有利于沟通初步认可，才能建立互动联系。

关注目标客户和潜在客户的技巧

怎么在微博里面能找到企业的目标客户呢？第一，主动找到目标客户，以便进行关注。有以下的办法：微博搜索关键词，在搜索框里搜索关键词的时候会有高级搜集，高级搜索里面就可以进行客户筛选。然后微博搜索框里找人，找经销商，这些经销商找了之后，对招商加盟产品会有好处。还可以通过话题找客户，通过名人堂找机构，新浪微群找分类客户。第二，找到目标客户后，求关注。比如可以说：“关注你的微博很久了，希望向你学习，希望得到你的关注。”第三，生成微博的二维码，二维码的应用是无所不在的。

如何抢占微博的话题主持人

前边我们刚刚发布微博内容的时候，是不是有一个话题？话题完了之后是不是后面才是标题内容？有话题就会存在一个话题主持人。比如说怎么抢话题主持人，写微博时迅速一个写“#”，一个你想讲的关键词，再一个#，然后发布出去，发布出去之后它会变成蓝色，直接点，点进看能不能抢。很多行业的关键词都没有了，有的好的话题，如果做得比较成功的话，企业的微博，包括品牌，被传播的次数也会比较多。或者是不知道怎么样，最便捷在企业微博左边，有一个微话题，直接点就可以进去的。你看我抢了多少话题，42 个话题，全部抢了。电脑外包平台、外包电商、广告网络营销……要客户一发这个相关内容就可以全看到，这里面有巨大的营销价值。

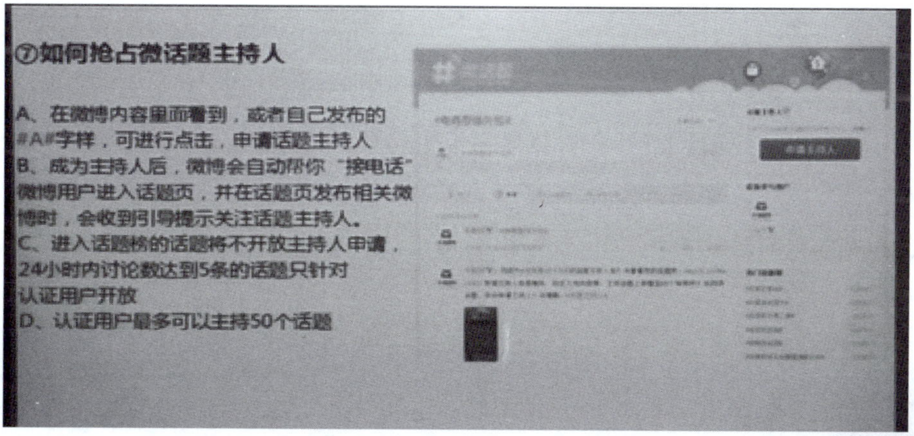

微博做活动

一定程度上，微博无活动不营销，真正的真实有效的粉丝往往都是通过活动带进来的，企业版的微博，新浪微博把所有的能够做的活动形式已经直接全部做好，一点就可以用的。微活动，这是微博的企业版，有很多活动形式，比如营销转发等。发起活动，一点就进去了，企业就可以在里边选了。是做同城活动，还是做有奖活动，还是做线上活动。比如这里可以选择大众团，或者选择砸金蛋，然后点击下一步，就可以跳转到这个活动里面相关的，根据他里面的规则来填就行了，活动的标题是什么，活动的这个开始时间（细致到每一个小时每一分都可以），结束时间，活动相关的描述，上传图片，活动的话题，奖项设置，完了之后就点确定，活动就可以发出去了，企业的粉丝就可以迅速地参加。最关键是参加过程当中设置活动内容的条件，设置清楚是为了后面转化率，比如说一个粉丝刚过来参加活动又走掉了，没有意义了吧。企业设置好，给一个二维码或者是一个网站，做成会员，一定要想尽办法，给二维码扫描，得到客户最直接的联系方式，或者直接转到微信里面。在活动的时候企业就要教客户，要引导他第一步扫二维码，在客户的手机上看到这个二维码怎么扫？保持到相册，要把这个写清楚，细致一点，安卓的手机、三星的手机、苹果的手机怎么做。第二步点击这个扫一扫，下面从相册进行选择，一点这个相片自动就扫了。

最后具体的时间活动形式。有人说我天天做活动哪来那么多奖品给客户发？记住，企业既然做活动，设置了真实的奖品，就真的要发，否则就失去公信力。最好是客户竞争，把奖品发给客户后，要客户发到他的微博或者朋友圈里作见证，否则就没有公信力。

雕爷牛腩的微博引流

一个毫无餐饮行业经验的人开了一家餐馆，仅两个月时间，风险投资6000

万，估值4亿元人民币——雕爷牛腩。

互联网的核心经济是流量，作为企业的生命力，有了流量便有了一切。雕爷牛腩在开业前足足搞了半年封闭测试，邀请各路明星、微博大号、美食达人免费试吃，从前菜到甜品，无不尝尽。半年封测的投入是1000万，很多人都说雕爷疯了，开始给雕爷各种各样的说法，其中一个较多数人认同的说法是雕爷在“胡搞”。

然而雕爷真的是胡搞吗？

事实证明，雕爷的做法是经过深思熟虑的。半年封测期间前来雕爷牛腩试吃的各大腕、名星、美食达人、微博大号纷纷在微博上帮着吆喝，给雕爷牛腩口碑和品牌的传播带来了显著效果。开业前夕，雕爷牛腩又利用微博玩了把大的，比如邀请苍井空到店，被微博大号留几手“偶遇”并发微博。苍井空自己在微博上证实之后又引发了网友4.5万次转发，成了当天微博热门话题。

附录　学员案例

学员案例评点

让我们对本书微信营销的内容进行消化，企业的个人账号、订阅号和服务号如何做，内容规划怎么做？

首先想企业的客户是谁，再思考什么东西能吸引客户，也就是客户喜欢什么，对企业的产品的核心需求是什么。研究客户特性，了解客户关联需求，为我们规划订阅号的内容提供依据。比如说货架，企业会发现这些需要货架的人都有不同的需求：做电子商务的和做物流的，这两个行业的需求是不一样的。电子商务需要有很强的检索系统，发货速度要快；物流讲究仓库的流转速度要快。所以即便是枯燥的一个产品，对于企业的微信公众账号、对于客户的分享也是有话题的。讲的不仅仅是货架的事，还有物流解决方案。这些做物流的人是些什么人呢？采购人是怎样的性格呢？男的多还是女的多？他们平时喜欢搞什么东西？如果他们喜欢看一些内涵笑话，我们就在微信号里边发这些东西。

订阅号怎么定义？服务号怎么定义？客户在购买我们产品的过程中最迫切需要哪些问题的答案？需要企业提供哪些服务？企业能不能用我们的服务号去做服务？这个服务的过程能加强客户的满意度，有哪些东西我们可以信息化地去处理，电子化地去做处理，能够及时快速地帮助解决客户的一系列售前、售中、售后的问题？

把以上问题写出来，然后思考总结，企业就可以开会进一步讨论。找谁来开会？业务团队来开会，编辑部门来开会，统一思想。接下来夯实我们的内容。按这个思路来考虑微信公众账号里的东西，同时也可以讨论一下公司和个人的微信账号用什么样的形象来展示。为什么企业要穿工装？就是要统一形象和给客户良好的感觉，假如一个快递公司，员工全部穿上西装打上领带，感觉好不好？那不对劲，得穿上很精神的工人的服装才行。因此企业和个人的微信号要统一形象，然后加上服务口号，服务口号可以放在业务员的标题里面，例如“联邦快递，使命必达”：联邦快递公司的理念就是使命必达，公司能够为你提供什么样的服务。所以企业文化可以通过整体的企业形象进行定位。

我们现在开始分享一下，规划一下我们的公共账号的内容，把栏目规划一下，每个栏目里面放什么内容，我们进行现场点评，帮助你规划公司账号。

我们先进行一个梳理。简单地介绍一下什么产品、什么服务、客户是谁，然后微信订阅号的内容规划栏目是什么，组织哪些信息内容，组织哪些活动。

甲：我们公司是做喷码机设备的，就是往产品上打生产日期的设备。产品后续有工程服务，需要给客户进行安装以及培训，如果出现一些人为的故障，我们需要上门给客户进行维修维护的。我们把订阅号作为新客户和潜在客户的一个宣传号码，把服务号作为已经使用我们家产品的客户的会员号码来进行宣传。订阅号我们分成了三个功能。一个是产品服务的功能，产品服务功能主要是对新客户介绍我们所销售的喷码机的产品、功能、参数，一周 2 ～ 3 次，总结性地进行推送。接着我们的第二个功能是关于喷码机产品的功能，我们会详细介绍，比如说我们会提供一个叫行业范围的功能，比如说我有线缆的客户，我就直接让客户看到喷码机在线缆行业使用是什么样子的，需要辅助的配件是什么样子的，让他们有更详细的了解。

韦老师：这就是解决方案。

甲：对，解决方案。第二个功能中还对采购喷码机的客户常见的问题作了一个统计，客户可以在我们这里提问题，我们有专人给他回答，也可以定期发布一些喷码机采购的问题来解决客户的想法。第三个功能，我们做了喷码机保修这一项，因为采购我们公司喷码机的话，我们有个十项服务的承诺。比如说两年内整机更换，终身免费上门维修和维护，以及诸如此类的一些服务项目，点击进去，让客户知道自己享受了什么样的服务。因为我们的产品除了喷码机以外，还有耗材，以及辅件装置，这都是同时一起需要销售的。我也可以将这两项放在里边，让客户更加了解后续产品的具体内容和使用的方式。最后我还会详细介绍一下关于我们公司，因为我们的客户都属于生产厂家，对我们公司实力非常重视。首先我们是有 10 多年专业维修的能力，另外在当地有一定的品牌效应。因为我们是以服务为中心的，如果服务不好客户也可能不选择你。

当客户成为我们的会员以后，我们会把服务号的重点放在三项上。第一项也是产品服务，但是我的服务内容主要是对客户的一个培训，是对新客户的简单操作之类的培训。其次由于客户的操作人员更换频繁，没有时间进行培训，或者是我们辐射范围加东北三省再加内蒙古，辐射范围实在太广了，时间段比较紧张。我们会做一个故障排除的视频，加入图片进行解答。第二项功能里首先有个优惠活动，我们对十几年的老客户或只有几年的客户都会有赠品和促销活动，进行推送。其次我会做一个工程安排的功能。因为有些客户急着想知道什么时候能得到我们的服务，我会详细告诉他大概什么时间段我们上门，可能更实用一些。另外我会有一个是给我客户的赠品活动，比如说客户把他的企业朋友介绍给我，也加入订阅号了，我也会给客户一些赠品。

第三项我会放一个服务。也是关于产品方面，但是我会着重把我们公司账户放进去，因为现在我们都基本上是网上打款或者是直接发短信，不是特别安全。我在这里把我们的账户，无论是个人账户还是公众和我们的公司账户放进去，对客户来说更安全一些。

老师：好，掌声送给她。分析一下，我先打开一个牛蛙网的账号。订阅号提供了关于我们产品售前的，要了解我们产品卖点信息的一个部分的内容，提供了我们公司一些介绍的内容，提供了我们一些常见问题的解答，这是订阅号。注意了，我们会发现不管是订阅号也好，服务号也好，它分为两个部分的信息。一个部分为固定信息，就是在我的菜单里边，随时可以调出来看的，叫固定信息。这相当于我们网站的栏目，内容是固定的，您刚才那个设置是很好的，非常地符合客户的需求，可以通过这些栏目了解你的公司，以及售前的一些问题和产品的介绍。作为固定信息的配置，这个是没有问题的。但是我们缺少一个叫做即时的每一天固定的变化信息的规划。就是我们每一个礼拜会主动地推送给客户一些信息，这个叫做动态信息，动态信息是直接会把标题呈现给客户看的，给客户一种有价值的内容，像是一个业务员，经常客户聊聊天，拉拉感情，顺带谈谈产品。比如业务员跟你聊聊天，讲讲天气，讲讲现在的政治变化，喜欢的话题，谈一谈，聊一聊，顺带提提我的产品。也就是碎片化的沟通，比如企业的产品有 5 个卖点，业务员今天跟你聊天，聊聊聊，聊到一个你们公司的管理，顺带提到产品的一个卖点，明天业务员会跟你聊点别的，你感兴趣的话题，聊聊聊，又出一个卖点，你就对产品有一个很好的认识，是吧？

所以订阅号和服务号都要规划。一个部分你要规划你的固定信息，另外一个部分你要规划在订阅号里边聊啥，聊啥是建立感情，顺带推出我们的产品和服务，也很重要，这跟业务员与客户聊天是一样的道理，聊的不仅仅是产品，内容设计太理性了，加上沟通的内容就会更好了。但是我们的订阅号和服务号内容架构还是非常敏感的，服务号针对老客户的培训、售后优惠方面的东西要做。好了，刚才我们有一位朋友说，那如此看来似乎我只用订阅号也能解决蛮多刚才讲的这些问题，因为它可以连到一些我们的手机网站去解决刚才讲的培训等问题，订阅号也可以做，为什么我们要一个订阅号加一个服务号呢？其实，第一，企业对于老客户讲的话和对于新客户讲的话还是会有不同的侧重点；第二个更重要的是不要忘记服务号有一个功能，订阅号永远无法替代，就是服务号每个月可以有四次的一层级信息的群发，这个资源其实是很重要的，这个资源企业要用上，如果不用，推广的力度就变弱了。其实它是一个配合的过程，只是服务会有所偏重，同时资源的影响层面也不一样。四条信息其实蛮重要的，它能够拉动很多的我们直接的推广。

不管订阅号也好，服务号也好，都会有一个叫固定信息也就是固定栏目；一个叫做沟通信息，是动态的沟通信息，沟通信息要聊到客户心里感兴趣的地方，不要太功利，一定有服务和沟通的，建立客户爱好的这么一个特性在里头。而固定栏目，可以完全跟公司的企业产品相关，都没有问题，都是属于很正常的。因为是客户去点的，他没兴趣不点也不会骚扰他。

乙：大家好，我们公司做的是汽车用品类的东西。我首先做的是我所有即时的信息，包括微博、微信和官方的网站与店铺内的发布信息都是同步的，这是一点。另外我们这个订阅号定位在活动信息的发布，尤其是公益类的，还有一个是关于汽车文化类的一些小的信息。另外还有一个，是关于汽车有关的热点事件发布的话题方面的讨论。比如说公益类的，我们也许在明年会启动一个文明行车的活动，也就是说我们会找1000名开车人，你如果能够提供一年之内你没有违章记录的话，我们会有一个相关的礼物、奖品，或者是优惠折扣。就是说我这些活动所有信息的发布都是通过这个账号，这个账号主要维护的是我公司的形象和汽车文化类的一个传播。我这个服务账号主要是为客户提供服务的，包括根据客户所在城市的季节和天气各种各样因素下，客户在驾驶汽车的时候需要注意的一些技巧，时事类的信息也是比较多的。另外在我这个服务账号上有一个大概是16小时的在线客服的服务，客户可以随时查询我在各个城市的代理商、经销商的电话、地点，基本上现在我能想到的就是这些。

韦老师：非常棒，掌声鼓励一下。我觉得挺不错的定位，她从几个角度，做一些公益的这种活动，来与客户互动，把企业的品牌高度提高了，比较有品质、品位和高度。在这里有一个建议，我是担心什么东西呢？我们说做所有的这种互动活动，要注意到操作的难易程度，大家有没有留意到，在网站上关于微信活动，其实做得最火的是什么呢？很多人都会参与的，有很多什么大转盘抽奖等等，你会发现目前做的最火的是哪一个？就是集赞，集赞是不是最简单的？点一下就结束了，网民是很懒的，多一个环节都不大愿意干。所以我们在做活动的时候，首先要有意义，有互动性，但是一定要让参与的人越简单越好。我们搞论坛活动，你像搞这个盖楼活动，盖楼活动也是很火的。什么叫盖楼？就是回帖，回一个帖等于帖子高了一层，就叫盖楼。回帖是不是在论坛里最简单的活动？所以它的参与性是最高的。投票就没那么高，但是投票也是重点，它抓住人的两个心理，第一个是面子问题，第二个是利益驱动，所以参与性也不错。因此我们在做活动的时候要注意到活动的可操作性，譬如说传一些资料、传一些蓝本、扫描拍照，这件事情本身跟大家讲相当麻烦。其次是我们拉动礼品能不能触动客户愿意做这个事。如果到时候做的人不多，这个事情就变成不良的活动，就不大好。其他的部分我们都挺棒，能够站在客户的角度，我们现在汽车热点那个部分，我觉得是特别值得关注的。因为我们的客户用车一族，他们有相当一部分是喜欢车的，即便他买不起这个车他也会去看，出来一个新车，在里边谈论沟通，他会有这么一种爱好在这里面。最好我们讨论这个热点的时候，能够把我们的配套产品和服务融在其中，顺带做一个关联性的宣传，这对大家来讲、对你的产品来讲也是很巧妙的一件事。你看我们这次去美国做活动，我们有一个叫特斯拉考察，去谷歌考察的环节。有一个客户就很聪明，他们只做高档坐垫。他就跟我说："韦老师我跟你去美国，但是有一个条件。"我说："什么条件？"他说："你们不是去特斯拉吗？那么我想为特斯拉这个车专门定制一个有中国特色的坐垫，我想送给特斯拉总部的负责人，可不可以？"你看，这是一种非常敏锐的商业感觉。我立刻就打电话跟美国的主办方商量，我还以为会有一些问题，结果对方满口答应，说没问题，OK。那就好了，拍张照片，拿回来，我专为特斯拉量身定制，那个品牌就不一样了。所以我们抓住热点来传播产品，完全是运作媒体的思维，值得我们借鉴。

丙：来公司时间不是很长，培训想了一些。这边如果说在订阅号里固定信息的话，选择是下面三个：产品知识、行业知识以及公司动态。产品知识这块会把公司软件和硬件相关产品和型号在里边标注。行业知识的话，我们会把各个行业，比如说党政、教育、医疗、企业各个行业的成功案例在这里展现。公司动态这块，比如说公司上面标注了公司最新动态，现在一些渠道的故事或者签约的新闻，媒体关注的报道，还有比如说关于我要吐槽，你觉得我们产品有什么不大好的，你可以吐槽，是一个模块，进行连接。

关于沟通信息，也就是动态信息，每周会有 2 ～ 3 次。我这边写的几项，一个是比如说我们在网站，现在国家出现什么新闻，某某大学或者是医院大火造成了一些数据丢失，这样的情况是不可挽回的损失。这些当中我会用多图文的方式，这是其中一条。第二条比如说公司日常办公当中出现的一些问题，导致了公司一些数据丢失，引到容灾备份这一块。再一个是比如说渠道招商当中的一些活动，打包优惠政策。关于新客户这块，比如说像我们在几月份之前购买什么产品，会有相关的优惠政策等。然后说点赞得礼品，黄金饰品等等之类的，那现在也是很多人都比较喜欢的一种东西，客户感兴趣。这个是订阅号的。

服务号这块的话，我这边是按照三个模块。第一个是关于服务，就是售前、售中、售后三个过程当中客户遇到什么问题等之类服务的方式会标注。第二个活动方面，比如说针对我们现在已经有的客户，告诉客户我们在几月份有什么活动，客户如果说要带朋友，或者说是几个以上的客户，或者是朋友来参加我们的活动，我们可以赠送相关的国外旅游的机会，只要他有一定的人数，带新客户过来。第三个就是培训，如果说有些客户已经购买了我们的产品，但可能对于使用产品不是很熟悉。我们可以提供培训或咨询。比如说通过好事通培训的方式，我们可以给客户做在线的咨询。（**老师：**好事通需要在客户那边安装终端吗？**丙：**客户那边安装一个客户端就行，到时候我们可以提供账号密码。）

韦老师：好，掌声鼓励一下。这个项目我是非常清楚的。你们重点抓住订阅号，一定要重点抓住客户的一个核心需求。我们在现场做咨询的时候，重点是我们要争取哪些客户。一部分就是通过上网直接搜寻我们的存储设备，那叫做直接客户，他有需求的。只需要给他看产品，就可以给他卖了，这部分的客户可以说是直接成交，这个部分的客户加微信进来，主要看产品，看相关的服务就可以了；还有一部分客户一定是你的客户，但是不知道啥时候成为你的客户。比如说企业的信息部经理，也许他之前已经买了存储设备了，但没有用完，或者还是能够满足企业的需求，他可能在未来的一年多、两年或者下个月会买你的产品，还有一些是没有买的，他没有这个意识，他需要教育。他们在哪里呢？他们一定在这个行业的论坛、社区、QQ 群里面，是不是？我们要想办法把他弄到公众微信里面来，并且留住，并且还要不停给他灌输这种问题、这种容灾的重要性和必要性，所以订阅号里面提供的关于产品教育类的信息，这是没有问题的。但是发现客户买这种容灾设备是买一次就可以用很久，他不会反复地购买，账号如果反复只讲容灾这件事，价值性不够。但是我们讨论的一致的结果，实际上这些信息部的经理每一天都遇到大量关于企业信息管理的问题和故障，非常需要有一个专家级的机构提供服务指导。而你们公司的强项，就是你们公司技术已经达到国家级了，你们的总工，当时我记得应该是中文之星的研发者，你们的技术无与伦比，所以一定要把这个资源发挥起来吸引客户，给他提供服务，这样你的网站与公共账号的价值在业内来讲是没有人可以比较的，甚至你这个微信公共账号会被这些信息传播。最能够解决客户实际问题的一个公共账号，传播性是很强的。所以这方面的内容建设一定要抓起来，自动传播性是很强的。如果咱们组织一群人到公司里面去团购，这个不现实。为什么不现实？需求太分散了，而且一群人不可能在同一时间都需要做这么大型的工程改造，所以一定是慢慢的，叫“润物细无声”的成交模式去做。

针对这个情况，你项目的核心点就是要建立专业的技术内容在你的微信平台里去持续地推送。咱们这个引爆点一定能够提供很多客户的黏性、价值和转化，这是自然的。技术人员最信的就是比他强的技术人员，我是做过网管的，所以特别了解他们的心理，了解客户你就能搞定客户，所以他一定会听师傅的，他要做技术研发听师傅的，师傅怎么说他就怎么做好，这是我对这个项目的建议。

牛蛙网
i时代 新商业

如何超速启动全网营销
《全网营销战略峰会》

暨外包合作对接会

资深电商操盘手韦智勇、张英主讲
总裁免费参加，即享3大收获

1.实战案例+专家诊断+外包合作:
2.五大秘密营销战术，让你脑洞大开
3.快速切入手机+PC全网营销新蓝海

免费专家诊断：4006-098-158
详情访问 WWW.NW158.COM

立即扫描二维码或访问牛蛙网，即可获赠营销神器
韦智勇《 O2O全网营销 》秘密视频

订阅号：NW158COM

牛蛙网
i时代 新商业

全网营销外包哪家强？

全网快车 谁与争锋！

没团队？我包！怕风险？我扛！

- 唯一保证7天见效，30天不满意退费
- 唯一实现手机+微信+PC 三网合一
- 策划+建站+推广+培训1站搞定

免费专家诊断：4006-098-158

详情访问 WWW.NW158.COM

订阅号：NW158COM

立即来电咨询或扫描二维码

即可获赠3000元专家诊断服务

免费为你定制网站及推广改进方案

必看
MUST LOOK

是什么
让百万微商疯转：

- 微商必死！缓刑6个月执行！
- 妖精救世！新微商妖艳重生！

扫这立刻阅读